济宁市青少年教育系列丛书

济宁市关心下一代工作委员会组织编写

总 主 编　步士金

副总主编　秦绍忠　李心善

家庭教育

高中篇

主编　李丽　尹露　李春兴

山东大学出版社

SHANDONG UNIVERSITY PRESS

·济南·

图书在版编目（CIP）数据

家庭教育．高中篇 / 李丽，尹露，李春兴主编．—
济南：山东大学出版社，2022.8
（济宁市青少年教育系列丛书 / 步士金主编）
ISBN 978-7-5607-7590-6

Ⅰ．①家… Ⅱ．①李… ②尹… ③李… Ⅲ．①高中生
—家庭教育 Ⅳ．① G78

中国版本图书馆 CIP 数据核字（2022）第 148724 号

策划编辑 祝清亮
责任编辑 李艳玲
封面设计 王莉莉

出版发行 山东大学出版社
社　　址 山东省济南市山大南路 20 号
邮政编码 250100
发行热线 (0531)88363008
经　　销 新华书店
印　　刷 山东成信彩印有限公司
规　　格 787 毫米 ×1092 毫米　1/16
　　　　 8.75 印张　113 千字
版　　次 2022 年 8 月第 1 版
印　　次 2022 年 8 月第 1 次印刷
定　　价 12.70 元

济宁市青少年教育系列丛书
编委会

家庭教育·高中篇
编委会

序

为认真贯彻落实习近平总书记关于“要抓好青少年学习教育，着力讲好党的故事、革命的故事、英雄的故事，厚植爱党、爱国、爱社会主义的情感，让红色基因、革命薪火代代传承”系列指示精神，按照中国关心下一代工作委员会、山东省关心下一代工作委员会部署安排和济宁市委、市政府要求，济宁市关心下一代工作委员会组织编写了“济宁市青少年教育系列丛书”，从优秀传统文化、革命传统文化、家庭教育文化、法治教育文化以及先进时代文化里发掘精华和养分，为青少年补钙壮骨、固本培元，帮助他们扣好人生的“第一粒扣子”，也为更好地开展关心下一代工作，特别是为广大青少年教育提供了一个综合性、指导性的文化宣传教育辅导读物。

济宁是一方底蕴深厚的文化沃土，是中华人文始祖轩辕黄帝的诞生地，孔子、孟子、颜子、曾子、子思子“五大圣人”的故乡，东夷文化、齐鲁文化、儒家文化、水浒文化、运河文化、孝贤文化、诚信文化在这里交相辉映，孕育了史学大家左丘明、建安七子之一王粲、古典戏剧大师孔尚任、当代词坛泰斗乔羽等名家巨擘，孔府、孔庙、孔林和京杭大运河被列为世界文化遗产。济宁有着深厚的红色革命传统，早在 1926 年就建立了党组织，在革命战争年代，谱写了无数可歌可泣的英雄史诗，形成了丰富的红色资源和宝贵的精神财富。

“国势之强由于人，人材之成出于学。”青少年阶段是人生的“拔节孕穗期”，最需要精心引导和栽培。“济宁市青少年教育系列丛书”概述了济宁的悠久历史和璀璨文化，介绍了济宁的历史文化名人和英雄模范人物，回顾了革命战争年代发生在济宁的重大事件，展现了济宁人文史诗之情、家教家训之风、红色基因之骨、法治精神之魂，脉络清晰，文笔洗练，图文并茂，通俗易懂，既传承了传统文化的精髓，又符合现代价值观念，具有很强的思想性、文化性、趣味性、启发性，有助于青少年从中接受思想的洗礼和获得精神的滋养，在新时代中国特色社会主义光辉照耀下茁壮成长。

“少年强则国强，少年智则国智。”青少年是祖国的未来、民族的希望。关心下一代工作是功在当代、利在千秋的伟大事业。习近平总书记心系下一代工作，提出了一系列新思想、新战略，做出了一系列新决策、新部署。关心下一代工作委员会是党和政府的参谋助手，是联系青少年的桥梁和纽带，肩负着关心关爱、教育培育青少年健康成长的重要使命。长期以来，在中国关心下一代工作委员会和山东省关心下一代工作委员会的精心指导和亲切关怀下，在市委、市政府的坚强领导下，济宁市关心下一代工作委员会把握时代主题，牢记使命担当，把关心下一代工作当作一项以爱润心、以德修身的崇高事业来做，主动作为，守正创新，为培养社会主义建设者和接班人做出了积极贡献。青少年时期是身心发育、道德养成和世界观、人生观、价值观确立的重要时期。关爱青少年，就是关爱祖国的未来。新时代新使命迫切需要关心下一代工作委员会和广大老干部、老战士、老专家、老教师、老模范，开启新征程，展示新作为，教育青少年增强爱国意识、爱国情怀，牢固树立正确的世界观、人生观、价值观，听党话、感党恩、跟党走，更加爱党爱国爱家乡，为新时代社会主义现代化建设贡献力量。

“济宁市青少年教育系列丛书”编委会

2022 年 6 月

目录

CONTENTS

第一章
立德树风的先秦硕儒

【本章概述】

大约在 2500 年前，人类文明进入一个群星璀璨的时期。在这一时期，东西方出现了一批伟大人物，如孔子、释迦牟尼、苏格拉底等，那是一个人才辈出的时代，也是一个文化奠基的时代，更是一个思想解放的时代。

今天给大家介绍的五位儒学大家，就生活在那一时期。他们伟岸，他们坚定，他们匡扶救世，他们用行为诠释着信仰。今天我们带领大家从家风、家教的角度领略圣人的魅力，追逐他们的脚步，感悟他们的思想。

第一节
至圣孔子

【人物生平】

孔子（公元前551—前479），古代著名的思想家、政治家、教育家，儒家学派的创始人，被后世尊为“至圣”。

孔子的祖先本为宋国的贵族，后因避难来到鲁国。孔子的父亲叔梁纥虽是鲁国的一位大夫，但此时家族已经明显衰落。青少年时期的孔子勤奋好学，做过小吏，50岁之后相继任鲁国司空、司寇。从中年起，孔子就开始收徒授学，在仕途不顺的情

孔子像

况下，更加专意于私学的传授。据说，孔子培养出三千弟子，其中学有所成的就有七十二位。孔子整理了《诗》《书》《礼》《乐》《易》《春秋》，后来这些文献成为儒家的经典，为夏、商、西周的文化传承做出了重要贡献。他的思想主要保存在由其弟子整理记录的《论语》一书中。

【家风掌故】

孔子作为中国古代最伟大的教育家之一，他有教无类，首开私家讲学之风，培育众多弟子。不仅如此，他在家庭教育方面也颇有创获，经常被后世赞誉的“幼承庭训”“诗礼传家”等典故，其实都与孔子的家教有关。

一、孔子对伯鱼的教育

在曲阜阙里孔子庙东侧，有一座建筑，名曰“诗礼堂”，其义即来自《论语》中孔子教育儿子伯鱼的典故。

据《论语·阳货》记载：孔子谓伯鱼曰：“女（汝）为《周南》《召南》矣乎？人而不为《周南》《召南》，其犹正墙面而立也与？”孔子认为，人如果连《诗经》中的《周南》《召南》都没有学过，那就好像面对墙壁傻站着一样，无法在社会上立足。这不仅体现出孔子对诗教尤其重视，更能展现他对后代家教的严格。

孔子之所以重视《诗经》，是因为孔子看到了《诗经》与社会政治的内在联系。《礼记·经解》引孔子的话说："入其国，其教可知也。其为人也，温柔敦厚，《诗》教也。"这里所说的"温柔敦厚"，正是孔子"诗教"对人的政治道德和思想修养的基本要求。孔子在训示弟子的时候论及《诗经》的教化功能，他说："小子何莫学夫诗？诗，可以兴，可以观，可以群，可以怨，迩之事父，远之事君，多识于鸟兽草木之名。"（《论语·阳货》）这是说，《诗经》能够引起联想，对人起到启发思想和感染情绪的作用，还可以讽喻不良现象。另外，学习《诗经》还可以增加鸟兽草木方面的知识。

孔子向伯鱼强调学礼的重要性，其着眼点也在于道德养成。孔子之所以重视《礼》，是因为"恭俭庄敬，《礼》教也"（《礼记·经解》）。这就是说，恭敬节俭，端庄谨慎，都是学习了《礼》的结果。《礼记·曲礼》有言："为礼以教人，使人以有礼，知自别于禽兽。"礼的存在，能够使人把自己与禽兽区别开来。礼教人恭俭庄敬，而这正是人生的准则，乃立身之本。所以孔子说："礼也者，理也。"（《礼记·仲尼燕居》）礼就是做人的道理。有礼则安，无礼则危。故不学礼，无以立身。

孔子不仅仅教育伯鱼要学《诗》《礼》等经典，而且还教他要有正确的学习态度和方法。据《孔子家语》记载，孔子曾告诫伯鱼要重视学习，只有通过学习才能真正提高自身的道德修养和能力，才能成就一番事业。不仅如此，孔子还教给伯鱼"内学外饰”的方法，即对内要进行道德的完善，对外要约束自己的言行等。孔子谆谆善诱，耐心细致，足见他对家教之重视。

孔子不仅培养伯鱼正确的学习态度，还在学习方法、学习内容上进行认真指导。孔子“庭训”伯鱼堪称我国古代家教最为生动的写照，给后人留下了无尽的启示，影响深远。唐人王勃在《滕王阁序》中即引此典故，曰：“他日趋庭，叨陪鲤对”，以此喻指受父亲教诲。

二、孔子对子思的教育

孔子不仅对儿子伯鱼严格要求，对孙子子思也十分关心。孔伋，字子思，伯鱼之子，孔子嫡孙。子思上承孔子、曾子，下启孟子、荀子，在儒学史上占有重要的地位，被后世尊称为“述圣”。

孔子晚年时，儿子伯鱼和最得意的弟子颜回相继去世，这是对孔子的巨大打击。聪颖机敏的子思给了孔子很大的安慰，为了自己的学问和理想能被继承，孔子着力培养子思研习《诗》《书》《礼》《乐》，并不时对他进行指导，从任用贤人到治国方略，再到修心成圣，由低到高，由表及里，层层深入。

据《孔丛子·公仪》记载，子思曾对鲁穆公说：“臣所记臣祖之言，或亲闻之者，有闻之于人者，虽非正其辞，然犹不失其意焉。”可见子思不仅幼年时直接问学于孔子，亲受孔子教诲，而且后来还间接从孔门弟子那里听到孔子教诲。孔子去世后，子思或又曾受业于曾子、子游及子夏等人，仍可以受到孔子思想的影响。

在孔子的教育与影响下，子思对《诗》《书》《礼》《乐》等典籍均十分精熟。如《礼记·檀弓上》记载了子思关于丧礼的言论：“丧三日而殡，凡附于身者，必诚必信，勿之有悔焉耳矣。三月而葬，凡附于棺者，必诚必信，勿之有悔焉耳矣。丧三年以为极，亡则弗之忘矣，故君子有终身之忧，而无一朝之患，故忌日不乐。”即父母去世后，要一辈子怀有哀思，要保护好父母的墓冢，不能使其受到损坏，每逢祭日都不举行吉庆之事。此外，子思对礼乐亦有很深刻的认识，《礼记·檀弓下》记载了子思回答穆公所问“为旧君反服”之礼的问题。这些都和孔子的思想极其相似，可见，他深得孔子真传。

子思在孔子家教的影响和熏陶下，亦十分重视对子孙的教育。《孔丛子·杂训》记载了子思对其子孔白的悉心教导。他直接以先人之训教导儿子，要求孔白以《诗》《书》《礼》《乐》为学习内容，指出只有这样才能获得真知、增长才干。子思对儿子的教育，与当年孔子教导伯鱼如出一辙，同样堪称家教的典范。

孔子开创的家教传统，立足诗礼教育，重视道德养成，对孔氏家学的发展路向及孔氏家族家风的形成都产生了深刻的影响。

【警句格言】

> 不愤不启，不悱不发；举一隅不以三隅反，则不复也。
>
> ——《论语·述而》

这句话的意思是说，教导学生，不到他想弄明白而不得的时候不去开导他；不到他想出来却说不出来的时候不去启发他。教给他一个方面的东西，他却不能由此而推知其他三个方面的东西，那就不要再教他了。孔子强调要启发式教学，不仅对伯鱼、子思是这样，对自己的学生更是这样，这对后世教育产生了深远影响。

> 君子食无求饱，居无求安，敏于事而慎于言，就有道而正焉，可谓好学也已。
>
> ——《论语·学而》

孔子认为，君子饮食不求饱足，居住不要求舒适，对工作勤劳敏捷，说话小心谨慎，到有道的人那里去匡正自己，这样就可以说是好学了。孔子很好地诠释了“好学”：不追求吃穿，勤勉而谨言，沿着正确的方向努力。孔子是这样说的，也是这样做的。他的博学多识、不追求物质享受，对当时和后世都有深远的影响。

【推荐书目】

1.杨伯峻：《论语译注》，中华书局2009年版。

该书以注释准确、译注平实著称，堪称当代最好的《论语》读本之一，在学术界享有盛誉。同学们，如果想进一步了解孔子的家庭教育思想，不妨走进元典，静下心来读一下，相信你定有收获。

杨伯峻（1909—1992），湖南长沙人，著名语言学家。1932年毕业于北京大学中文系，曾任职于北京大学中文系、兰州大学中文系、中华书局等。

2.鲍鹏山：《孔子传》，中国青年出版社2013年版。

这是专为大众读者写的一本书，适于高中生阅读。该书篇幅精当，以“十五志于学”“三十而立”“四十不惑”“五十知天命”“六十耳顺”“七十从心所欲”为题为孔子作传，足以让年轻的你认识两千多年前真实的孔子。

第二节 亚圣孟子

【人物生平】

孟子像

孟子（约公元前372—前289），著名思想家、教育家，儒家学派的重要奠基人。孟子的先世是鲁国公族“三桓”中的孟孙氏，到孟子时，孟孙氏已经衰落。孟子幼年丧父，母亲从事女织，家境贫穷。在孟母的“三迁之教”下，孟子最终确立了学于先王之道的志向，师事于“子思之门人”，后以孔子“私淑”弟子自许，深得孔子学说的真谛，被后世誉为“亚圣”。

【家风掌故】

孟子之所以能成为中国古代伟大的政治家、思想家、教育家，成为一代大儒，这与孟母的谆谆教导是分不开的。

西汉韩婴的《韩诗外传》和刘向的《列女传·母仪传》记载有“孟母三迁”“断机教子”“买肉啖子”等诸多孟母教子的故事，可见孟母教子的事迹在西汉甚至之前就已成了家喻户晓的美谈。

《三字经》用通俗易懂的语言浓缩了一部中国文化史，其中有“昔孟母，择邻处；子不学，断机杼”，使孟母教子的故事影响更为深远。从这些故事中，我们感受到了环境对人的重要影响，认识到诚信是人立身之本，体会到学习要坚持不懈，不可半途而废。

孟母不仅在孟子的幼年时期及时对其进行教育，而且在孟子成家立业之后还适时对其进行教育，在其成长过程中发挥了重要作用。

一、阻止孟子休妻

《韩诗外传》记载了孟母阻止孟子休妻的故事。

有一次，孟子妻独自在家，孟轲外出归来看到妻子盘腿而坐，这是不合礼制的。自幼学习周礼的孟子无法容忍妻子“踞”坐的行为，就想休掉妻子。孟母不明所以，只见儿媳在旁哭泣，待问明了才知道发生的一切。孟母虽然生气，但并没有直接批评儿子，而是引经据典地教育儿子。她说："其实这件事错不在你妻子，而是你太没有礼貌了。古语说：'要进入别人家门的时候，要先打声招呼，问问是否有人在家，得到主人的允许之后才可进入，否则就是无礼，因为这表明来访者对主人尊重；进入大门之后说话要大声点，以便让主人知道有人来访而有所准备，以免引起不必要的麻烦；在进入人家的卧室之后，眼睛不要四处张望，以防自己看到不该看的事情和地方。'你在进入卧室之前没打招呼，就贸然闯入卧室，明明是你无礼在前，却要休掉你的妻子，这就是你的不对了。你饱读诗书，对生活中的礼仪礼节应该很清楚才对。"孟子听了母亲的一席话之后，深感自己无礼，就不敢再提休妻的事啦。

通过这个故事，我们认识了熟谙礼仪、深明大义的孟母，可以说，正是因为孟母的谆谆教诲，才有了博学多才的孟子。

二、励子行道

孟母不仅教育孟子要懂礼仪，还鼓励其要为天下百姓着想，而不能贪图眼前的高官俸禄。西汉刘向《列女传·母仪传》和后来的《孟子外书》中都记述了孟母励子行道的故事。

孟子在齐国时，整日长吁短叹，闷闷不乐。孟母看见了，问："你为什么烦忧呢？"孟子回答说："因为我身体不舒服。"过了几天，孟子闲来无事，叹气不停。孟母看见了，说："最近有什么心事？为什么总是唉声叹气的？"孟子回答说："我听说君子应该在其位谋其政，不为苟得而受赏，不贪荣禄。如果诸侯不听从我的政见，就不应该再侍奉他。听了我的政见而不采纳，我就不应该去他为政的场所。现在齐王不用我的治国理论，我想离开，但是母亲您已经老了，经不起长途跋涉之苦，我是在为这个事情忧愁。”孟母说：“对妇人的要求只不过是做好饭，暖好酒浆，赡养公婆，缝制衣服罢了，因而她们只关心、料理闺内的事务，不能过问闺外的事情。妇女不应独擅专制，现在你已成人，走的是君子仁义之路，我赞同和支持你，这也是我应该遵守的礼义之道。而我已经老了，你行你的义，我行我的礼。”

孟母深明大义，设身处地为儿子着想，鼓励他到别处发挥自己的才能。孟子深感母亲的深明大义，离开齐国而到他国寻找施行仁政的机会。

孟母的教育不仅直接影响到孟子的成长，而且还给后世留下了家庭教育最宝贵的精神财富。

【警句格言】

故天将降大任于斯人也，必先苦其心志，劳其筋骨，饿其体肤，空乏其身，行拂乱其所为，所以动心忍性，增益其所不能。

——《孟子·告子下》

这句话的意思是：上天将要把重大使命降临到这样的人身

上，一定要先使他的意志受到磨炼，使他的筋骨受到劳累，使他的身体忍饥挨饿，使他备受穷困之苦，做事总是不能顺利，以此心里常常保持警惕，使性格坚强起来，以增强过去所不具备的能力。

这句话有其特定的时代背景：春秋战国时期，战乱频仍，一个国家要想在战争中立于不败之地，就不能安于现状，不思进取。这句话激励无数志士仁人在逆境中奋起，后人常引以为座右铭。

> 君子有三乐，而王天下不与存焉。父母俱存，兄弟无故，一乐也；仰不愧于天，俯不怍于人，二乐也；得天下英才而教育之，三乐也。君子有三乐，而王天下不与存焉。
>
> ——《孟子·尽心上》

快乐是什么？孟子给了我们答案：一乐是父母俱在，兄弟安好；二乐是仰不惭愧于天，俯不惭愧于人；三乐是得到天下的好学生，然后教育他们。孟子这种高尚的人生追求，为后人树立了榜样。

【推荐书目】

1. 杨伯峻：《孟子译注》，中华书局2008年版。

杨伯峻先生对《孟子》一书的字音词义和晦涩费解的词句作了详细的注解和简要考证，并译为白话文，有利于我们走近孟子，研究孟子。

2. 梁涛：《孟子解读》，中国人民大学出版社 2010 年版。

《孟子解读》是梁涛教授的“孟学三书”之一，对孟子的生平活动作了详尽的考证，可与其所著《郭店竹简与思孟学派》《思孟学案》相参看。全书资料翔实，文笔流畅，深入浅出。

第三节 复圣颜子

【人物生平】

颜子像

颜子（公元前521—前481），名回，字子渊，鲁国（今山东曲阜市）人，位列孔门十哲之首。颜氏家族到颜路、颜回父子时，除了保有贵族身份及颜路的鲁卿大夫头衔外，便只有陋巷简朴的住宅及数十亩田地了。颜回生活贫困，简居于陋巷，一生没有做官。其言行见于《论语》。

颜子是孔子最得意的门生，他得到了孔子最多而且是最高的赞誉，后世对他更是代有尊崇。自汉代起，颜回被列为七十二贤之首，此后不断加封。元文宗至顺元年（1330）加封其为“兖国复圣公”，被后人尊为“复圣”。

【家风掌故】

一、受父影响拜入孔门

颜回之好学，常为孔子所称道，鲁哀公和季康子先后问孔子“弟子孰为好学”，孔子的回答都是：“有颜回者好学，不迁怒，不贰过。不幸短命死矣。今也则亡，未闻好学者也。”（《论语·雍也》）孔子经常以颜回为榜样提醒其他弟子。

难能可贵的是，颜回竟然是在他的父亲颜路的引领下拜入孔子门下的。颜回的父亲颜路，仅比孔子小六岁，因家境贫寒，立志通过读书求学改变家庭和后人的命运，因此在孔子办学早期便跟随孔子求学。在父亲的影响下，颜回到了十三岁的时候便早早拜入孔子门下。虽然颜路在七十二贤中的影响力远远不及自己的儿子颜回，但他的眼光是非常独到的，他对孩子的家庭教育也是极有远见的。颜路和颜回父子同为孔子的得意门生，说明二人在学问上都是出类拔萃的。但比学问更重要的是对子女的教育，颜路把颜回带上了儒学之路，颜回则在精通孔子学问的基础上发展出了自己的宗派——颜氏之儒。

颜路与颜回父子的勤奋好学奠定了颜氏好学家风的基石。

二、安贫乐道，仁德持家

有教无类、不问贫富的孔子收徒无数。孔子与颜回虽是师生，年龄差距大，却心有灵犀。在那个寒门难出贵子的时代，孔子却将贫寒的颜回收为学生，并将他培养成了罕世贤才。孔

子提到颜回时说："贤哉，回也！一箪食，一瓢饮，在陋巷，人不堪其忧，回也不改其乐。贤哉！回也！"（《论语·雍也》）

然而时过境迁，今天的人们也许会觉得"一箪食，一瓢饮，在陋巷"没什么了不起，大都无法理解颜回的伟大。在现代人看来，颜回只是一个沉默寡言、箪食瓢饮的穷酸书生，没有什么可以称道的地方。

事实果真如此？我们还是尝试着回溯元典，去一探究竟吧！

《论语·先进》中，将颜回排在四科之冠，德行第一。后世称赞颜回，也多称赞其德行，如《晏子春秋》所载："德不盛，行不厚，则颜回、骞、雍侍。""仁"是孔子最重视的德行。孔子推崇仁道，把仁看得很重，不敢以仁自居。然而，他却赞赏颜回："回也，其心三月不违仁，其余则日月至焉而已矣。"有文献记载孔子独称颜回为"仁人"："仁人也，丘弗如也。"（《淮南子·人间训》）

正因如此，颜回聪慧好学的品质、德行为先的境界，都令后世景仰不已，难怪后世以"卓冠贤科""优入圣域"来赞誉他。

三、好学仁德，泽被后世

对于颜真卿，很多人只是从"颜筋柳骨"知道他是古代一位了不起的书法家，但很少有人知道颜真卿是颜回的后人。颜氏家族不仅有颜回和颜真卿这样的历史名人，东晋时期的光禄大夫颜含、南北朝时期的颜之推、唐代的颜师古等都是对历史

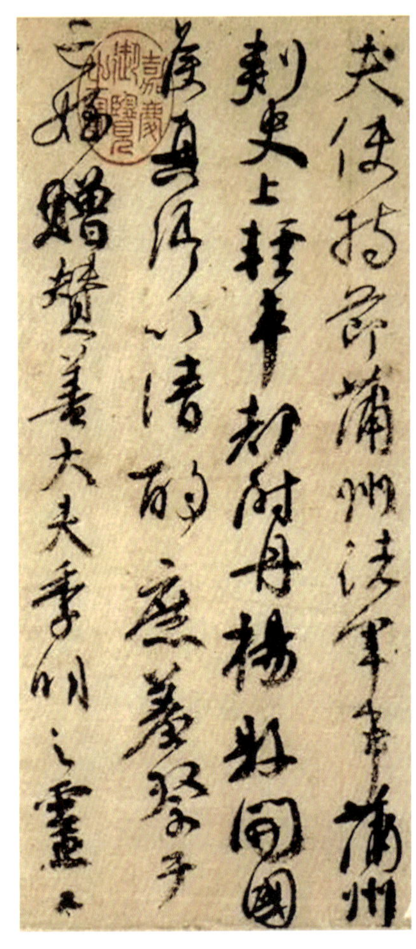

颜真卿书法作品

产生过重要影响的颜氏族人。

那么颜氏家族为何人才辈出呢？可以说，颜回的德行学问是颜氏家风的源头，颜氏家风惠及后世子孙。颜氏子孙用事实证明了他们对好学、仁德家风的恪守与传承。

颜之推在颜回思想的基础上，在魏晋南北朝的乱世创作了对颜氏后人影响深远的《颜氏家训》，他重视“实学”，在教育上主张父母言传身教，用自身的行动影响子女。

颜真卿曾祖父辈的颜勤礼、颜师古，父颜维贞、伯父颜元孙，皆精通经史、训诂、文辞、书法。其外曾祖父殷令名、外祖父殷仲容、母殷氏均善书，对颜真卿产生了巨大的影响。

颜真卿因创立“颜体”楷书，与赵孟頫、柳公权、欧阳询并称“楷书四大家”。书如其人，人品书品并冠于时。他秉性正直，笃实纯厚，不阿于权贵，不屈意媚上，刚正有气节，以义烈闻名于时，最终以死明志，表现了耿介忠臣的崇高品质和坚贞气节。

颜氏家族的家风家教是中华民族一笔宝贵的精神财富。

【警句格言】

子曰："贤哉，回也！一箪食，一瓢饮，在陋巷，人不堪其忧，回也不改其乐。贤哉！回也！"

——《论语·雍也》

这句话的意思是：孔子说："颜回真是个大贤人啊！用一个竹筐盛饭，用一只瓢喝水，住在简陋的巷子里。别人都忍受不了那穷困的忧愁，颜回却能照样快活。颜回真是个大贤人啊！"

对颜回来说，富贵不是其所求，仁道才是其所愿！即使在破屋陋巷中亦能做到"闲看庭前花开花落，笑看天上云卷云舒"。这样一来，就能渐入淡泊之境，长守其乐而不改。其实，颜回的穷与别人的穷也有所不同，因为他只是生活上贫穷而已，思想上并不匮乏。有些人虽然在物质上得到了享受，心灵却非常空虚，生活也失去了应有的意义。因此，同样是穷，别人只会千思万虑而"不堪其忧"；而颜回虽穷，但心中有道，穷且益坚。

颜渊问仁。子曰："克己复礼为仁。一日克己复礼，天下归仁焉。为仁由己，而由人乎哉？"颜渊曰："请问其目。"子曰："非礼勿视，非礼勿听，非礼勿言，非礼勿动。”颜渊曰：“回虽不敏，请事斯语矣。”

——《论语·颜渊》

这段话的意思是：颜回问怎样做才是仁。孔子说：“克制自己，一切都照着礼的要求去做，这就是仁。一旦这样做了，天下的一切就都归于仁了。实行仁德，完全在于自己，难道还在于别人吗？”颜回说：“请问实行仁的条目。”孔子说：“不合于礼的不要看，不合于礼的不要听，不合于礼的不要说，不合于礼的不要做。”颜回说：“我虽然愚笨，也要照您的这些话去做。”

正是因为颜回有如此的决心，在生活中努力地践行“仁”，做到“非礼勿视，非礼勿听，非礼勿言，非礼勿动”，以至于做到“三月不违仁”，孔子才称其为“仁人”。

【推荐书目】

南怀瑾讲述：《孔子和他的弟子们》，东方出版社 2016 年版。

这本书原名为《孔学新语》，由南怀瑾在 20 世纪 50 年代末期整理对学子的讲解而成。为方便计，其弟子刘雨虹等人将此书文句略加口语化，改为《孔子和他的弟子们》，值得一读。

第四节 宗圣曾子

【人物生平】

曾子像

曾子（公元前505—前435）师从孔子，勤奋好学。孔门之中，曾子与颜子对后世的影响最大，也得到最高的尊崇。曾子对于孝道不仅身体力行，而且终身未尝稍怠，更能有所阐扬，《孝经》之传即与其有密切关系。他对孔子之学领悟颇深，以忠恕阐释孔子一贯之道。曾子还作《大学》，在儒学发展史上具有承上启下的重要地位，对后世影响深远。唐朝时配享孔子庙，封“郕伯”。至宋朝时，受到宋儒的极力推崇，朝廷先后奉赠“郕侯”“武城侯”，又改封“郕国公”。元至顺元年（1330）追封“郕国宗圣公”，后世尊为“宗圣”。

【家风掌故】

嘉祥是曾子故里，也是孝文化的发源地。曾子是我国伟大的思想家，是孔子创立的儒学的主要传承者之一。曾子上承孔子，下开思孟，编著《孝经》，并以孝著称于世。曾子崇尚“修身、齐家、治国、平天下”的政治观，“君子慎独，吾日三省吾身”的修养观，“以孝为本，重在养志”的孝道观，其思想对中华民族价值体系的形成和发展产生了深刻的影响。

曾子是曾氏家风的源头，曾子的孝道思想是曾氏家风的滥觞。曾子关于孝的论述有很多，孝是曾氏家风的根基。“曾子十篇”中有《曾子本孝》《曾子立孝》《曾子大孝》《曾子事父母》，即“孝四篇”，这些都是曾子论孝的文章。孝的实质就是继承先辈之志，也就是对前辈家教、家训、家规的继承和遵守，最终成一家之家风。

一、曾子家教

曾子看重家教，也可从后人的记述中得知。西汉刘向《说苑·杂言》中有这样的记载：“孔子家儿不知骂，曾子家儿不知怒。所以然者，生而善教也。”这句话的意思是：孔子家的儿子不知道骂人，曾子家的儿子不知道发怒。之所以这样，是因为他们从儿子出生时就开始施行很好的教育。曾子这种良好的家教在曾氏家族中得到很好的传承。

曾子一生都十分注重对子孙的教育，直至临终前还不忘训导子孙，如《大戴礼记·曾子疾病》中主要谈了七个方面的内容：一是要寡言多行，讲信；二是要重义轻利，讲廉；三是要知其先后，讲礼；四是要孝悌及时，讲孝悌；五是要言主行本，讲义；六是要近君子远小人，讲智；七是要力尽人事，讲忠。正是由于曾子教子有方，有良好的家风，才培养出了曾申、曾元、曾西等优秀的子孙，史籍记载了他们的言行事迹，留名千古。

按照曾子的家训，曾氏家族制定了统一的祖训：孝悌忠信，礼义廉耻；三省诚身，道传一贯。不同地方的曾氏家族还制定了比较具体的家训族训，最著名的是晚清重臣曾国藩的“八本”治家格言。

曾国藩是曾子第七十代孙，晚清名臣。其从小受家庭影响，半耕半读发奋苦学成材，封侯拜相。他祖父曾星冈遗下“治家八字诀”：书蔬鱼猪，早扫考宝（即读书、种菜、养鱼、喂猪、早起、扫屋、祭祖、睦邻八件事情）。曾国藩甚为推崇，住宅取名“八本堂”。“八本”即读书以训诂为本，诗文以声调为本，事亲以得欢心为本，养生以少恼怒为本，立身以不妄语为本，居家以不晏起为本，居官以不要钱为本，行军以不扰民为本。这“八本”是曾氏家庭教育的精髓，曾国藩兄弟及其子孙后代终身行之不懈。

历代曾氏族人恪守祖训，立身修德，忠孝传家，爱国爱民，继承和发扬了曾子的思想。

二、曾氏家规

嘉祥曾庙立有六十一代翰博曾继祖曾氏永思碑铭碑。碑文开头说："永思碑者何？述祖德，纪国思，叙世泽艰难之自，以诒诸后之人者也。"铭文说：

追思往事，时为泫然。虑我后人，知未忘颠。
爰陈训词，示亡极焉。我闻世家，鲜克由礼。
凌德以荡，灭义以侈。远悖家学，上乖国纪。
安享厥成，罔恤厥始。用勒贞珉，藏之庙坻。
思之思之，孙孙子子。

嘉祥曾庙禁赌碑，曾毓墫撰：

我后世子孙，有敢赌博并酗酒失德者，即为忠孝两亏之败类，生不许入庙致祭，死不许葬先茔，谨记于此，以示后人。

这些家规、家诫，对于族人的约束力相当强大，大大促进了子孙对礼义道德规范的遵守、家族的团结和睦。

【警句格言】

不能则学，疑则问，欲行则比贤，虽有险道，循行达矣。

——《大戴礼记·曾子制言上》

这句话的意思是：没有才能就学，有疑难问题就问，想做事就仿照贤人，虽然道路艰险，但按照这个方法去做，就没有行不通的。

“不能则学，疑则问，欲行则比贤”，大概是古今学子最好的学习态度和方法，也是孔子“不耻下问”“见贤思齐”思想的体现。

吾日三省吾身：为人谋而不忠乎？与朋友交而不信乎？传不习乎？

——《论语·学而》

这句话的意思是：我每天多次反省自己：替别人办事是不是竭尽全力了？和朋友交往是不是诚实了？老师传授的学业是不是复习了？

“吾日三省吾身”是曾子的修身名言，千古传颂。这种精神至今仍值得人们学习发扬。

士不可以不弘毅，任重而道远。仁以为己任，不亦重乎？死而后已，不亦远乎？

——《论语·泰伯》

这段话的意思是：读书人不可以不坚强而有毅力，因为他责任重大而路途遥远。把实现仁德作为自己的责任，不是很重大吗？奋斗到死才罢休，不是很遥远吗？

曾子对有志之士提出两条要求：一是要有远大的理想与抱负，以天下为己任；二是实现目标，对事业要鞠躬尽瘁，死而后已。这种精神影响着一代又一代仁人志士。今天，这种精神仍然是激励人们前进的金石之言。

【推荐书目】

骆承烈、沈效敏等：《曾子与〈孝经〉》，中国社会出版社 2011 年版。

全书分为曾子的先世与家世、曾子的生平、曾子对儒学的重大贡献、曾子的思想、曾子孝道的基础、曾子之孝、孝道的影响、历代对曾子的推崇等章节，可以作为了解曾子与曾氏家风的入门读物。

第五节 笃圣闵子

【人物生平】

闵子像

闵子（公元前 536—前 487）是中国古代著名的思想家、政治家、教育家，是“孔门十哲”之一，后人尊其为“笃圣”。

闵子，名损，字子骞，春秋时期鲁国人。他与济宁有着十分密切的联系。冯云鹤在《圣门十六子书·闵子书·闵子年表》中所载闵子骞生平事迹等与今存鱼台的《闵氏宗谱》的记载基本符合。在今天的鱼台县还流传着“三贤”“三进士”的动人故事，其中的“三贤”之一就是闵子骞。而且闵子骞拜孔子为师，曾在山东曲阜学习。

闵子骞以孝著称，孔子赞其曰：“孝哉，闵子骞！人不间于其父母昆弟之言。”在《二十四孝图》中，闵子骞位列第三。闵子骞是孔子“仁”“德”思想的宣传者和实践者，在孔门中和颜回、冉伯牛、仲弓并列“德行科”，是儒家学派的重要代表人物。

闵子骞像与孝贤阁

【家风掌故】

一、孝养双亲，友爱兄弟

古人云：“百善孝为先。”《论语·学而》载：“君子务本，本立而道生。孝弟也者，其为仁之本与。”《弟子规》中也有“入则孝，出则悌”的记述，可见孝在中国文化中占有十分重要的地位。

“芦衣顺母”讲的是闵子骞面对后母的虐待，依然坚守仁

义的故事。闵子骞用善良和理性，既说服了父亲又感化了后母，拯救了濒临破裂的家庭，尤其是他在处理后母和子女关系的方式上更为人们提供了某些借鉴和思考。这个典故在《古孝子传》《圣门十六子》《敦煌文集》《太平御览》等书中均有记载，也有戏剧以此为题材进行创作，闵子骞“顺母”的精神对官方哲学和民间风俗都产生了重大影响。

《弟子规》说：“亲爱我，孝何难；亲憎我，孝方贤。”闵子骞用自己的实际行动诠释了孝的内涵。

闵子骞不仅对双亲极其尽孝，对自己同父异母的弟弟也极尽兄长之责，在生活上照顾弟弟，在学习上教弟弟识字明理，兄弟间关系极为和睦。

二、尊师重教，乐道志学

闵子骞比孔子小十五岁。成年后，除了在费县短暂为官外，大部分时间跟随孔子学习。在学习过程中，闵子骞十分恭敬，《论语·先进》记载“闵子侍侧，訚訚如也”，就是说其特别认真、专注、谦卑。作为孔子的重要弟子之一，闵子骞比较完整地接受和继承了孔子的思想理论体系，又在实践的基础上对其进行丰富和发展，对儒学的进步做出了重要贡献，是儒家学派的重要代表人物。

三、胸怀家国，坚守正道

闵子骞生活的春秋时期是历史上大动荡、大变革、大发展的时期，也是社会转型的重要阶段。这一时期王权衰弱，诸侯争霸，社会动荡，旧有的社会秩序被打破。闵子骞作为当时的知识分子，对国家的发展是十分担忧的，他希望统治者推行德政，以民为本，安定社会。

《论语》中记载了这样一个故事，说鲁国执政大夫为了个人私利，主张重修仓库。但闵子骞认为国力有限，重修仓库会加重百姓的负担，因此直言不讳："仍旧贯，如之何？何必改作？"意思是简单修一修就可以，没必要重建。孔子得知此事后，感慨道："夫人不言，言必有中。"（《论语·先进》）孔子认为闵子骞能把握问题的关键，言辞中肯，是值得赞扬的。

在老师孔子的推荐下，闵子骞曾在费邑为官，为官期间政通人和，物阜民丰，政绩斐然。而当时的鲁国正值季氏专权，季氏倒行逆施，引发很多人的不满，当闵子骞发现自己只是在为私人牟利而不是在为国家效力时，毅然辞官。

"危邦不入，乱邦不居。天下有道则见，无道则隐。邦有道，贫且贱焉，耻也；邦无道，富且贵焉，耻也。"（《论语·泰伯》）闵子骞对正义的坚守，是对无道社会的否定，也是对自我尊严的捍卫。

闵子骞的父亲去世以后，按照礼制，闵子骞要守丧三年。在为父守孝期间，国家遭遇战争，闵子骞马上脱下孝服，为国出征，待战争结束以后，又继续为父守丧。

闵子骞对家人的孝、对国家的忠展现了中华优秀传统伦理道德，为后人树立了榜样。无论是在古代还是在现代，无论是官方还是民间，闵子骞都备受推崇。

闵子骞特别注重对子女的教育，他曾向孔子请教教子之义，“退而事之于家”（《亢仓子·训道》）。闵氏族人也一直以闵子骞为榜样，发扬孝贤文化，比如第十二代闵尊曾被封为汉代的五经博士，第四十一代孙闵于植在北宋大中祥符二年（1009）被封为孔子仪补太庙齐郎。现在闵氏家族继续传承孝贤文化，并赋予其新的时代内涵。

【警句格言】

闵子侍侧，訚訚如也；子路，行行如也；冉有、子贡，侃侃如也。

——《论语·先进》

这句话的意思是：闵子骞跟随孔子学习的时候，是一副和悦而中正的样子，子路是一副刚强的样子，冉有、子贡是一副温和快乐的样子。

我国自古讲究尊师重教，有“一日为师，终身为父”的古训。这段材料记载了孔子的四位弟子在跟随孔子学习时的态度和姿态。闵子骞对待老师和学问是十分虔诚和恭敬的，所谓“亲其师，信其道”，闵子骞正是凭借谦卑真诚的学习态度，才成为对后世有影响力的儒学大家。

夫人不言，言必有中。

——《论语·先进》

这是孔子赞扬闵子骞的话，说闵子骞虽然话语不多，但是只要表达看法就能一语中的，并且言辞中肯。

闵子骞少年丧母，一度遭到后母虐待，长大后国家又遭遇战争，坎坷的生活经历造就了闵子骞沉默寡言的性格。但是少言的闵子骞并非见识浅薄，每次遇到关键问题，他总能切中要害，提出中肯的建议。

【推荐书目】

1. 司马迁：《史记·仲尼弟子列传》，中华书局 2013 年版。

这是关于孔门弟子的一篇多人合传。司马迁在这篇列传中，对有的人记述较详，洋洋洒洒；对有的人则记述简略。同学们阅读这篇文章，能加深对孔门弟子的理解，同时更好地把握儒家思想。

2. 杨洪彬：《闵子骞系列考》，《春秋》2009 年第 4 期。

这篇文章是对闵子骞的身世、传说、为官经历、后代纪念等方面的考证。同学们阅读这篇文章，能了解历史研究的一些思路，体会论从史出、史论结合的历史研究方法。

3. 王伯福：《闵子骞传》，中国文史出版社 2012 年版。

这本书对闵子骞的介绍极为详细，可以作为研究闵子骞的参考书。这本书最大的价值还在于其对孝贤文化的介绍，兼有一些治学、管理、为官等方面的内容，让人受益匪浅。

【学习拓展】

【活动主题】

追逐圣人足迹，研学圣城曲阜，领悟圣人家风。

【活动目标】

◆查阅文献，了解孔子的生平经历及其历史贡献。

◆领略城河相映的曲阜风光，感受圣人故里的风土人情。

◆实地探访“三孔”，了解与圣人家风家教相关的典故。

◆感悟孔子的治国修身之道，领悟圣人家风家教的精髓。

【活动建议】

◆时间安排：一天。

◆成立研学小组，分组收集和交流孔子的文献记载、家风掌故；研讨孔子家风家教蕴含的优秀精神。

◆研学旅程：

（1）上午：活动前进行安全、礼仪、爱护文物等方面的教育；参观“三孔”，了解其建筑、后世碑刻等；学习儒家思想，了解孔子家风掌故等内容和优良家风的现代意义。

（2）下午：参观六艺城，研习相关技能后返程。

【活动反思】

撰写研学报告，记述个人探访圣人故里、体悟孔子家风后的收获。

第二章 心系家国的两汉名臣

【本章概述】

汉代是我国统一多民族封建国家的巩固时期。这一时期，农业、手工业迅速发展，人口大量增长，商业和贸易也有了前所未有的进步。政治制度上，秦朝建立的专制主义中央集权制度在两汉时期得到巩固，以皇权独尊为核心的官僚政治体制进一步发展完善。思想文化上，“独尊儒术”，思想定于一尊。在这样的时代背景下，济宁人民是如何构建和传承优良家风的？我们的孔孟之乡又有哪些优秀家风事迹呢？

本章以一经传家的韦氏和白衣尚书郑均的家风事迹为例，再现两汉时期名臣对子孙后代的谆谆教导和勤、孝、廉、能的价值追求。让我们一起回望那个时代的家风家教，聆听那个时代的家风格言，从中汲取精神力量，进一步弘扬优良家风，做新时代优良家风的传承者。

第一节
一经传家的韦氏

【人物生平】

韦贤（约公元前143—前62），字长孺，鲁国邹县（今济宁邹城市）人。韦贤为人质朴、清心寡欲，一心一意做学问，号称邹鲁大儒。朝廷征召他为博士，授官给事中，进宫教授汉昭帝《诗》，不久升迁为光禄大夫、詹事，后来成为大鸿胪。汉宣帝时，赐爵关内侯，后为长信少府。汉宣帝本始三年（公元前71年），代替蔡义为丞相，被封为扶阳侯，食邑700户。汉宣帝地节三年（公元前67年），韦贤因为年老多病辞去官职。从韦贤起，中国才开始有丞相致仕制度。

韦玄成（？—前36），字少翁，韦贤第四子。年少时勤奋好学，特别谦逊，礼贤下士，对待贫贱者尊敬有加。他凭恩荫被任命为郎官、常侍骑，因为精通经学被提拔为谏大夫，不久担任大河都尉。韦贤去世后，韦玄成继承了父亲的爵位。汉元帝即位后，韦玄成升为太子太傅，后来又做了御史大夫。汉元帝永光年间，代替于定国为丞相。

【家风掌故】

一、一经传家，世代相承

“人遗子，金满籯，我教子，唯一经。”《三字经》中的这句话说的正是以韦贤为代表的韦氏“一经传家”的故事。韦贤说：人们留给子孙后代的往往是满箱金银，我教育子孙的，只有一部经书。

韦贤把黄金散尽，让儿孙学习《诗》，让他们做人明理、谨慎警惕，不断激励自己。韦贤的这一举动意义重大、影响深远，从此之后，韦家日渐兴盛。韦贤的长子韦方山做了高寝县令，但很早过世。韦方山的大儿子韦安世从郡守一直做到大鸿胪、长乐宫卫尉。韦贤的二儿子韦弘做官做到了东海郡太守；韦弘的儿子韦赏也通晓《诗》，曾给汉哀帝讲《诗》。汉哀帝的时候，韦赏做到大司马及车骑将军，位列三公。韦贤的小儿子韦玄成，官至丞相。韦氏家族中做到二千石官位的有十多人。

二、心怀谦让，佯狂让爵

韦贤想让次子韦弘做韦家的继承人。到韦贤病重的时候，韦弘因为犯错被关进了牢狱。家里人向韦贤询问谁应当做韦家的继承人，韦贤愤恨不肯说。这个时候韦贤的门生与韦贤的族人共同商议，让韦玄成做韦家的继承人。韦玄成深知这并不是父亲韦贤的意思，于是便假装痴狂，狂笑不止，乱说一气。韦贤葬礼结束后，朝廷征召韦玄成承袭父亲的爵位，他却假托病狂不应朝廷的诏命。朝中很多官员认为韦玄成仁义礼让，朝廷也下诏拜他为官，韦玄成不得已接受了官爵。汉宣帝很欣赏他的节操，让他做了河南郡太守。他的哥哥韦弘为太山都尉，后来做了东海郡太守。

三、作诗自劾，修德戒子

韦玄成升迁太常后，因为犯错爵位被削，对此感到伤心难过，叹息道："我有什么脸面来主持祖庙的祭祀！"他写了一首诗来责备自己。在这首诗中，韦玄成历数韦家功绩卓著的光彩荣耀和辅佐历代君王的事迹，叙述了从祖先到父兄谨慎谦恭、美德昭扬的事迹，对自己所犯的过失后悔自责。他在这首诗中警示自己要继承先人美德，谦逊恭谨，不断修养自己的德行。"谁谓华高，企其齐而；谁谓德难，厉其庶而。"这句话的大意是："谁说华山高？我希望与它一样高；谁说修德艰难？我希望通过努力能够达到。"这表达了韦玄成励志修德的决心和信念。汉元帝永光年间，韦玄成任丞相，荣耀于当世。韦氏家族世代兴盛，家风家教功不可没。

【警句格言】

於肃君子，既令厥德，仪服此恭，棣棣其则。咨余小子，既德靡逮，曾是车服，荒嫚以队。

明明天子，俊德烈烈，不遂我遗，恤我九列。我既兹恤，惟夙惟夜，畏忌是申，供事靡惰。天子我监，登我三事，顾我伤队，爵复我旧。

我既此登，望我旧阶，先后兹度，涟涟孔怀。司直御事，我熙我盛；群公百僚，我嘉我庆。于异卿士，非同我心，三事惟艰，莫我肯矜。赫赫三事，力虽此毕，非我所度，退其罔日。昔我之队，畏不此居，今我度兹，戚戚其惧。

嗟我后人，命其靡常，靖享尔位，瞻仰靡荒。慎尔会同，戒尔车服，无惰尔仪，以保尔域。尔无我视，不慎不整；我之此复，惟禄之幸。於戏后人，惟肃惟栗。无忝显祖，以蕃汉室！

——《汉书·韦贤传》

这几段话的意思是：令人敬重的君子啊，他们的行为端正以使自己的德行美善，他们的仪表服饰很庄重而且文雅安闲，可以作为榜样。我们这些晚辈，德行赶不上他们，我曾经获得过赏赐车服的荣耀，但是因为荒怠而被削夺。

英明的天子，美德显著，没有抛弃我，让我担任九卿中少府的职位。我既然担任了这样的职位，便日日夜夜告诫自己要自我约束，做事勤快不懒惰。天子明察我，让我做了丞相，考虑到我为以前犯过的过失而伤感，又恢复了我原来的爵位。

我既登上相位，回望过去，我的先父也曾居此位，我思念先父落了泪。丞相司直和治理政事的人协助我，使我事业兴盛；公卿百官都来向我祝贺。这些官员和我的心思不同，三公之事很艰难，我担心不能胜任，不敢自夸。盛大的三公之事，我虽然将精力都花费在上边，但这不是我能长居的官位，不知道哪一天就会被贬退。以前我被削夺官爵时，害怕再不能到达这样的官位，现在我做了丞相，却仍然十分担忧恐惧。

哎呀，我的后辈子孙，要知道天命无常，想办法当好你们的官，态度恭敬、不要荒怠。朝会之时要谨慎，车舆礼服之事要告诫自己时时注意，不要怠慢，这样才能保全你们的封邑。你们不要像我这样不谨慎、不端正；我能恢复官位，这是我的幸运。我的后辈子孙啊，要有恭敬、谨慎之心。不要有愧于你们光荣的祖先，这样才能使汉家天下繁荣昌盛！

【推荐书目】

班固：《汉书》，中华书局 1962 年版。

《汉书》是我国第一部纪传体断代史书，记载了从汉高祖元年（公元前 206 年）到新朝王莽地皇四年（公元 23 年）约 230 年的史事。《汉书》是继《史记》之后中国古代又一部重要史书，与《史记》《后汉书》《三国志》并称“前四史”。

第二节 白衣尚书郑均

【人物生平】

“青帝太昊之遗墟，白衣尚书之旧里”，语出李白《任城县厅壁记》，表达了李白对“白衣尚书”郑均的高度崇敬之情。郑均（？—约96）年轻时期喜欢黄、老著作，为人清正笃实、乐于助人。州郡多次征召他为官，他都托病拒绝。建初六年（81），汉章帝特地征召他，不久升任尚书。在任期间，郑均多次向皇帝进谏，深受君主敬重，后托病辞官还乡。

白衣尚书纪念馆

【家风掌故】

一、好义笃实，孝养寡嫂

郑均在其兄长去世后承担起接济寡嫂孤侄的责任。《东观汉记》记载："均失兄，养孤兄子甚笃，已冠娶，出令别居，并门，尽推财与之，使得一尊其母，然后随护视振给之。"这段话的大意是：郑均在兄长去世后一心一意抚养兄长的孩子，等到侄儿娶妻之后，侄儿另居一处，郑均给了侄儿很多财产，让侄儿照顾好自己的母亲，郑均也经常看望自己的嫂子、侄儿并接济他们。

二、屡谏忠言，御驾赐禄

州郡官府多次征召郑均为官，都被他托病拒绝。为了避免官府的纠缠，郑均躲到远离家乡的濮阳客居起来。汉章帝建初六年（81），郑均到朝廷做官，不久升任为尚书。他在任期间，多次向皇帝进谏忠言，深受敬重，后来郑均托病辞官还乡。汉章帝认为他安贫恭俭、守善不懈，专门向当地官员下诏关心郑均的生活，每年八月派官员前去慰问。元和二年（85），汉章帝东巡经过任城，亲自来到郑均的家里，赐给他终身尚书俸禄，所以当时的人都称他为"白衣尚书"。

【警句格言】

物尽可复得，为吏坐臧，终身捐弃。
——《后汉书·郑均传》

这句话的意思是：财物用完了可以再得到，做官如果贪污的话，这一生都要被抛弃。

这是郑均劝谏他的哥哥时所说的一句话，充分展现了郑均的光明磊落、廉洁自律，值得我们每个人学习。郑均守善持正的精神品质一直为后世所景仰，清人夏大观亦在《东郑庄怀白衣尚书》诗中说：“卓哉尚书名，千载白衣著。”

在济宁市太白湖景区南部，有白衣尚书纪念馆，建筑面积约 500 平方米。纪念馆全面展示了郑均的生平故事，突出体现了郑均在教育家人、廉洁奉公方面对后世的影响，成为对党员干部进行廉洁、勤政教育的重要基地。

【推荐书目】

1. 范晔：《后汉书》，中华书局 1965 年版。

《后汉书》由南朝刘宋时期历史学家范晔编撰，记载了东汉从汉光武帝建武元年（25）到汉献帝建安二十五年（220）共 195 年的历史。叙事生动、简明周详，是一部杰出的私修断代正史。

2. 刘珍等撰，吴树平校：《东观汉记》，中华书局 2016 年版。

《东观汉记》是一部记载东汉历史的纪传体断代史著作，由东汉几代史学家相继撰修而成，记录了从汉光武帝到汉灵帝一百余年的历史。在该书早期流传阶段，世人极为看重，与《史记》《汉书》并称为“三史”，比它晚出的东汉诸史都取材于《东观汉记》。

【学习拓展】

“夫养不必丰，要于孝；利虽不得博于物，要其心之厚于仁。”语出宋代著名文学家欧阳修的《泷冈阡表》，意思是奉养父母不一定要物质丰厚，关键是孝顺；利益不能够施行给所有人，关键是有仁爱之心。字里行间流露出欧阳修父母对欧阳修的谆谆教诲，也表达了欧阳修对子孙后代的殷切期望。本章中的韦氏家族一经传家，世代相承。良好的家风就是在上一代对下一代的谆谆教导中一代代传承下来，影响着一个家族一代又一代人的成长。

访谈家中长辈，搜集自己家族中的家风家教故事，记录下来。根据自己搜集的本家族中的家风家教故事，结合本章内容，谈谈你对传承优良家风的认识。

第三章 卓然而立的魏晋风度

【本章概述】

魏晋是一个思想活跃的时代，一些文人雅士特立独行，形成了卓然而立的魏晋风度。这一时期，形成了许多名门士家，对子弟的教育任务逐渐由家庭承担，家训理论逐步趋于成熟。济宁地区负有盛名的家族就有山阳王氏、郗氏等。这些文化世家悉心图谋家族的发展，形成独具一格的家风，并以家风来培养和规范后人行为。

本章以山阳王氏王弼、郗氏家族郗鉴、颜氏家族颜之推等人的家风事例为例，描绘这些家族的家学渊源。让我们一起走进那个风云变幻的时代，去体会卓然而立的魏晋风度，去感悟那些名门望族深厚的家学传统。

第一节 玄学始祖王弼

【人物生平】

王弼（226—249），字辅嗣，山阳高平（今山东金乡县）人，魏晋玄学的主要创始人及代表人物，也是一位少年天才。

史载王弼“幼而察慧，年十余，好老氏，通辩能言”，但可惜的是他英年早逝，24岁便染病去世，其作品主要包括解读《老子》的《老子注》《老子指略》及解读《周易》思想的《周易注》《周易略例》。其中《老子指略》《周易略例》是王弼对《老子》《周易》

王弼像

所做的总体性分析著作。这些著作最突出的特点在于阐发老子的思想。王弼试图用老子的思想来阐释社会，维护传统的封建统治秩序。

王弼是中国哲学史上划时代的伟大哲学家。他提出的思想体系和论证方法创立了一代学风——正始玄风，其代替两汉经学成为魏晋南北朝社会思潮的主流。

【家风掌故】

家庭教育、努力程度、人生际遇、天赋水平是影响一个人成就取得的主要原因。良好的家庭教育和家风在一个人的成长历程中发挥着重要的影响。而王弼成就的取得在很大程度上归功于家庭熏陶和天赋。

王弼出身曹魏时期的山阳王氏。山阳王氏家族是汉晋以来的名门大族，对当时的学术和政治均产生了较大影响。

山阳王氏有史可查的第一个名人是王龚。从王龚到王业（王弼父亲）的五代家族人员始终接近权力核心，这种长期的积累，使王氏家族具备了极强的社会能量和资源。

东汉末年，王弼的外曾祖父刘表任荆州牧，优待士人，形成具有崭新思想特质的荆州学派。学派采用清晰、简洁的方法解读经典，给学术界带来了新风。这种风气也影响了王弼的思想。当时著名学者蔡邕曾经把自己的藏书悉数赠予王粲，因为

王粲绝后，王弼的父亲王业过继给王粲，蔡邕的藏书也就转移到了王弼家里。也正是祖上遗留的书籍，奠定了王弼深邃的思想基础。

何晏任吏部尚书时，很有地位声望，当时清谈的宾客常常满座，王弼不到20岁时去拜会他。何晏听过王弼的名声，便分条列出以前那些精妙的玄理来问王弼：“这些道理我认为是谈得最透彻的了，还能再反驳吗？”王弼便予以反驳，满座的人都觉得何晏理屈。于是王弼反复自问自答，所谈玄理是在座的人赶不上的。

社会动荡的魏晋时代，家族承担着保存和传承学术文化的重要任务。后代研习祖上传承下来的某种文化，若干代之后就形成了文化世家。一代一代生活在这样的家庭里，在浓厚的学术氛围下，家族文化的烙印深深地铸刻在后代子孙的身上，流淌在后代子孙的血液里。受文化浸润的他们谈学论道，举止优雅，出类拔萃、一鸣惊人。

王弼学习先祖传承下来的知识，并不断进行创新发展。家族文化和教育对他产生了深远的影响。

【警句格言】

不性其情，焉能久行其正，此是情之正也。若心好流荡失真，此是情之邪也。若以

> 情近性，故云性其情。情近性者，何妨是有欲。若逐欲迁，故云远也；若欲而不迁，故曰近。
>
> ——王弼《论语释疑》

王弼在《论语释疑》中阐述了自己的性情观。他提出了“性情”和“性其情”的说法，也就是用性指导情，用自然规范来引导人的情感。以性制情，虽有欲望但不会放荡泛滥，就会向正途发展，反之就会走上邪路。让情感服从本性，则情感就能得到合理的宣泄，如果违背本性而全随情感做事，那么就会非常危险。

【推荐书目】

1.刘义庆：《世说新语》，中华书局2007年版。

这本书是南朝宋时的文言志人小说集，是魏晋南北朝时期“笔记小说”的代表作。坊间基本上认为由南朝宋时刘义庆撰写。其内容主要是记载东汉后期到魏晋间一些名士的言行与轶事。依内容可分为“德行”“言语”“政事”等三十六类，每类有若干则故事，每则故事文字长短不一。

高中生阅读此书，可以了解魏晋名士的种种活动、种种性格、种种人生追求。

2.陈寿：《三国志》，线装书局2008年版。

《三国志》是“二十四史”之一，是由西晋时期史学家陈寿所著、记载三国时期历史事件的纪传体史书。书中写名士的风雅、谋士的方略、武将的威猛，大多着墨不多，却栩栩如生，在历史上留下了浓重的一笔，为后世所称赞。《三国志》善于叙事，文笔简洁，被后人推崇备至。

第二节 时之良干郗鉴

【人物生平】

郗鉴（269—339），字道徽，号虞卿，高平金乡人。东晋初期著名的军事家、政治家、书法家，东汉末年御史大夫郗虑的玄孙，也是书圣王羲之的岳父。他与阮放、蔡谟等八人并称“兖州八伯”。

在乱世中，郗鉴率众保据乡里，成为著名的“流民帅”。他受东晋朝廷感召，率部渡江，成为东晋重要的军事支柱。同时，郗鉴很有政治才能，官至司空、太尉，死后追赠太宰，追封“南昌郡公”，谥号文成，葬于今嘉祥县城南的马集镇。郗鉴墓现在是山东省文物保护单位，墓前原来有碑，名为太宰郗鉴碑，碑文为东晋文坛领袖孙绰所写。

魏晋时期，经过郗鉴的苦心经营，中落的高平郗氏跻身一流士族行列，经数世不衰，流风余韵入唐不绝。郗鉴一生虽无家训传世，但他注意教育子侄，传承家风，他曾评价周颉“有国士门风”，其实也是自我写照。

【家风掌故】

一、清介自守，不坠家风

高平郗氏的崛起，始自郗鉴的高祖郗虑。郗虑年少时受教于经学大师郑玄，并与华歆、王朗等人驰名当时，建安初年以侍中入仕，累迁光禄勋，官至御史大夫。郗氏家族由此成为著名的经学世家。郗鉴幼时，其父早丧，由于叔父郗隆卷入政治漩涡被杀，家道中衰。但郗鉴在清贫的生活中仍坚持博览经籍，刻苦学习，即使耕作时也不忘吟咏文章，保持着郗虑以来以经学治家的传统，并因儒雅而在乡里闻名，由此引起了当权者的注意。赵王司马伦征辟其为掾，郗鉴发觉司马伦有不臣之迹，于是称疾去职。后来司马伦篡位自立，其党羽皆至大官，郗鉴独闭门自守，不染逆节，受到士林高度赞扬。西晋灭亡后，北方寇难锋起，郗鉴流落于陈午乱军之中。陈午想利用郗鉴的名声，欲推郗鉴为主，郗鉴坚决拒绝，逃而获免。郗鉴在贫苦的生活和纷乱的政治局势面前，始终保持高平郗氏“经学传家、清介自守”的传统，因之后人评价郗鉴“不坠家风”。

二、敦亲睦族，以德服众

两晋交替之际，郗鉴生活的北方战乱频仍，加之自然灾害，民不聊生、哀鸿遍野。面对纷乱的时局，郗鉴担负起家族宗长的重任。据《世说新语》记载，时值天荒人饥，家乡的人因敬慕郗鉴的名望德行，轮流供他吃饭。这时，他就带着侄子郗迈和外甥周翼去吃饭，时间长了，供饭的人就很为难，说道："大家都很饥饿，因为您的贤德，才轮流请您吃饭，如果加上两个孩子，恐怕大家就都不够吃的了。"因此，郗鉴就单独去吃饭，但是每次吃完饭后，总是把饭含在嘴里，回家后吐出来给这两个孩子吃，就这样两个孩子渡过了荒年，勉强活了下来。在郗鉴死后，外甥周翼为了报答舅舅的恩情，辞官回到家乡，为他守墓三年。郗鉴爱护子侄的行为被世人推崇，成为世家大族敦亲睦族的楷模。"郗鉴吐哺"成为著名的文学典故。

在这次灾荒之中，郗鉴并没有独占物资，而是把别人的捐助分给了宗族和生活更困难的乡邻，受惠者很多，因而他也受到了当地人的称颂。后为了躲避战乱，乡里人推举郗鉴为主，一千多户人家跟随他来到峄山自保避难，在郗鉴的领导下组建了军事武装。郗鉴也被授予兖州刺史之职，镇守峄山。人们虽因饥饿抓田鼠和燕子充饥，但仍不叛离郗鉴，大批流民也被吸引而来，壮大了队伍。后来，郗鉴受朝廷征召南渡，大批流民追随，成为郗氏家族掌握的一支重要军事武装，在稳定东晋政局方面发挥了重要作用。

三、遵礼守节，忠君爱国

郗鉴渡江之后，一心为国，坚决维护东晋皇室的正统地位，是东晋的“定海神针”。他三次挽狂澜于既倒，扶大厦于将倾。第一次是平定了王敦之乱。东晋偏安江南后，王敦与王导都是东晋的开国功臣，琅琊王氏取得了主导地位，时人称“王与马，共天下”。其中，王敦手握军权，专制朝政，后王敦叛乱，图谋帝位。郗鉴也握有军权，而且颇有军事才能，但在王敦拉其叛乱时果断拒绝。郗鉴毫不犹豫地站在了东晋朝廷的一边，为皇帝出谋划策。在郗鉴的战略决策下，最终平定了王敦之乱。

第二次是平定了苏峻之乱。苏峻和祖约以“清君侧”为名发动了叛乱。为鼓舞军心，郗鉴登坛流涕，慷慨陈词：“今主上幽危，百姓倒悬，忠臣正士志存报国。凡我同盟，既盟之后，勠力一心，以救社稷。”在平叛中，郗鉴指挥东西路军打了一场又一场硬仗，最终平定叛乱，稳定了军心。

第三次是平衡了士族势力。东晋是士族门阀势力强盛的时代，矛盾错综复杂，影响到中央的统治。其中，王导与庾亮的矛盾、王导与陶侃的矛盾最为激烈。要维护东晋王朝的统治，就得妥善处理这些矛盾。郗鉴以大局为重，力求抑制矛盾激化，最终起到了稳定时局的作用。

郗鉴以忠君爱国为准则，鞠躬尽瘁，反击了一大批逆军，为东晋政权的巩固付出了艰辛努力。他的后代郗士美在唐代也平叛了王承宗之乱，体现了郗氏家族的爱国之风。

四、尚武崇文，书艺传家

文武双修是郗氏家族家风的一大特色。高平郗氏本以经学传家，自郗鉴开始由文入武，时人评价他“文武之略，时之良干”。郗氏家族历代注重军事，用心于实务，不尚清谈，在终日谈玄论道的南朝士族中独树一帜，也显示出郗氏家族独特的家风。

郗氏家族除了有很高的经学造诣和文学修养外，还是著名的书法世家，数代以书艺名世。郗鉴本人学识超群，有文集十卷传于世，今存世的《上疏逊位》《周札加赠议》等文笔慷慨雄健、一气贯通。郗鉴书法卓绝，是名重一时的书法家，有《灾祸帖》传世。他的二子一女均以书法闻名，女婿王羲之有“书圣”之名，外孙王献之与其父并称。儿子郗愔善长草书、隶书，年轻的时候和王羲之齐名，时人评价他的文书“纤浓得中，意态无穷，筋骨亦胜”。孙子郗超也以草书知名，有《远近帖》流传于世，不拘于古法，意到笔随。

【警句格言】

丈夫既洁身北面，义同在三，岂可偷生屈节，腼颜天壤邪！苟道数终极，固当存亡以之耳。

——《晋书·郗鉴传》

这句话的意思是：大丈夫洁身北面侍君，谨守三纲之义，怎么可以偷生而变节，这样有何面目居于天地之间！如果是天道已终，也当随之存亡。

相与邦壤，义不及通，何可怙乱至此邪！
——《晋书·郗鉴传》

这句话的意思是：我们同处一乡，但情义不曾相通，你怎么能趁着混乱这样胡为呢！

【推荐书目】

1. 房玄龄：《晋书》，中华书局 1974 年版。

这本书故事性强，叙述简单，画面感强。如果你想进一步了解郗氏家族的家风，不妨走进经典，先静下心来，读读这本书，相信你定会有所收获。

2. 唐长孺：《魏晋南北朝史论拾遗》，中华书局 1983 年版。

这本书时空线索长，内容充实，语言平实，适合高中生阅读。同学们，魏晋南北朝时期涌现出很多有风骨的人、有趣的事。趁闲暇，倒一杯清茶，读一读，也许会有一些人生感悟。

第三节 颜之推与《颜氏家训》

【人物生平】

颜之推（531—约 597），南北朝时期著名教育家、文学家。《颜氏家训·诫兵》提到“颜氏之先，本乎邹鲁”。他是复圣颜回的第三十五代世孙，其父为南梁咨议参军颜协。他为长子起名为“思鲁”，也可看出对邹鲁的重视。先后在南梁任国左常侍，北齐官至黄门侍郎，北周被征为御史上士。隋代周后，他又被征为学士，但不久因病去世。他自叙“一生而三化，备荼苦而蓼辛”，叹“三为亡国之人”，经历颇为坎坷。

【家风掌故】

一、“积财千万，无过读书”

颜之推出身儒学传家的士族大家，家境颇好，从小深受家庭环境的熏陶，博览群书。“积财千万，无过读书”出自《颜氏家训》中的《勉学》。这句话的意思是，聚集千万财富，也不如读书。颜之推非常重视读书，认为人人都需要学习，学习不分贵贱。他希望每一位父母都能承担起“以学为教”的责任。

学习不分尊卑、不论老幼，都多有益处。孔子说：“我非生而知之者，好古，敏以求之者也。”（《论语·述而》）这句话的大意是，我不是生来就通晓万物的，我的智慧是我从古代文化中汲取经验，勤奋敏捷求来的。圣人的知识都是努力学习的结果，由此，颜之推进一步指出：“世人不问愚智，皆欲识人之多，见事之广，而不肯读书，是犹求饱而赖营馔，欲暖而惰裁衣也。”（《颜氏家训·勉学》）这句话的大意是，世人不管是聪明还是愚钝，都想多结识他人，多见一些事，而不愿意读书，这就好比想要温饱却懒得做饭，想要暖和却懒得做衣。因而任何人都需要学习，才能有所收获。

颜氏家训

学习不但要广博，而且要勤奋。颜之推提倡的学习不仅是读书，也包括关注生活中的其他知识；不仅要向儒家经典求教，还要向生活中有才能的人学习。“爰及农商工贾，厮役奴隶，钓鱼屠肉，饭牛牧羊，皆有先达，可为师表，博学求之，无不利于事也。”（《颜氏家训·勉学》）大意是说，不管是农夫、商贾、工匠还是厮役奴隶，抑或是渔民、屠夫，放牛的、牧羊的，他们中也有学问好、道德高尚的先辈，可以把他们作为老师和榜样，广泛的向他们学习，这样对事业是有好处的。颜之推认为学习就像雕琢金石，不辛苦努力是成不了才的。

二、“君子必慎交游焉”

儒家十分重视交友之道。孔子曾说：“益者三友，损者三友。友直，友谅，友多闻，益矣；友便辟，友善柔，友便佞，损矣。”（《论语·季氏》）这句话的意思是：有益的朋友有三种，有害的朋友有三种。同正直的、诚信的、见闻广博的人交友，是有益的。同逢迎谄媚的、表面柔顺而内心奸诈的、善用花言巧语的人交友，是有害的。颜之推在此基础上告诫道：“君子必慎交游焉。”（《颜氏家训·慕贤》）也就是说，交友一定要谨慎小心。因为择友的环境对人的影响是潜移默化的，“与善人居，如入芝兰之室，久而自芳也；与恶人居，如入鲍鱼之肆，久而自臭也”（《颜氏家训·慕贤》）。可见，交友对于青少年会产生潜移默化的影响。不断地从高尚的人那里受到启迪，从榜样那里汲取力量，才是长久的交友之道。

颜之推在《颜氏家训·省事》中引用了铭金人云：“无多言，

多言多败；无多事，多事多患。”这句话的大意是，不要多话，多话会多失败；不要多事，多事会多祸患。以此来劝诫后代在社会上与人交往时要注意言行，对不了解的事情不要夸夸其谈，评头论足。与人交往时，“贵能有益于物耳，不徒高谈虚论”（《颜氏家训·涉务》）。这些为人处世的智慧，对于我们安身立命有所益处，一味地夸夸其谈，只会自毁长城。

三、志存高远，坚持不懈

望子成龙，望女成凤。与历代传统家训一样，颜之推也十分重视对子女后代的立志教育。在《颜氏家训》中，他时时劝诫子女要有志向，要志存高远。“有志尚者，遂能磨砺，以就素业；无履立者，自兹堕慢，便为凡人。”（《颜氏家训·勉学》）这句话的大意是，有志向的人，经得起磨炼，坚持不懈，成就大业；没有成就功业志向的人，从此怠惰，成为庸人。

不仅如此，颜之推还希望子孙后代能通过自己的努力成为“国之存亡，系其生死”的治国之才。“君子当守道崇德，蓄价待时，爵禄不登，信由天命。”（《颜氏家训·省事》）他教育子孙后代要不屈节求官，不依附权贵，以高尚的气节、智慧、坚毅勇敢地实现自己的人生目标。

把“学而优则仕”作为志向，有时代的局限性，但这是古代知识分子的共同理想和追求。在其家训影响下，颜氏子孙始终志存高远，修身律己，历代贤人辈出，他们为国家的治理与发展贡献了力量。比如，颜游秦在乱世中以善行高义感化乡邻，为官一方后，多为百姓着想，备受拥护；颜杲卿被叛军俘获，誓死不降，大义凛然，最终以身殉国；颜真卿不但能写一手好字，而且是统领千军万马的大将军，最终战死沙场。

《颜氏家训》不仅影响了一代代颜氏族人，也对当地的家风民风影响深远。

【警句格言】

父子之严，不可以狎；骨肉之爱，不可以简。简则慈孝不接，狎则怠慢生焉。由命士以上，父子异宫，此不狎之道也。

——《颜氏家训·教子》

这句话的意思是：父亲对孩子要有威严，不能过分亲密；骨肉之间要相亲相爱，不能简慢。如果流于简慢，就无法做到父慈子孝；如果过分亲密，就会产生放肆不敬的行为。

至诚之言，人未能信，至洁之行，物或致疑，皆由言行声名，无余地也。

——《颜氏家训·名实》

这句话的意思是：太过诚实的话，别人不会相信，太过高洁的行为，别人会怀疑，这都是因为这类言行名声太好了，没有留下余地。

> 无多言，多言多败；无多事，多事多患。
>
> ——《颜氏家训·省事》

这句话的意思是：不要多说话，口不择言多说话，往往导致失败；不要多生是非，惹是生非之徒往往会招致祸患。

【推荐书目】

颜之推著，檀作文译注：《颜氏家训》，中华书局 2011 年版。

《颜氏家训》文字生动优美，思想内涵深邃，全书充盈着颜之推对人生的思考和对世界的好奇心。同学们不妨也抱着好奇之心读读看，也许你们会发现一位智者在向你娓娓道来；或者你遇到困惑时，也不妨拿来读一篇，也许就会发现有这位一千四百多年前的老先生相伴，内心会多一份惬意，少一份孤独。

【学习拓展】

魏晋南北朝时期是家族政治与家族文化结合的时代，世家大族尤其占据文化的重要地位。且作为文化的载体，他们在社会上极具影响力。其实，世家大族不一定以高官为标准，其更本质的特征是浓厚的学术文化素养和气质，他们是文化的传人。世家大族区别于一般寒门的，是因袭学业，是优美家风。虽取向不同，或玄或儒，或文或史，或信佛或崇道，但深厚的学术文化，是立家的根本。

——胡阿祥：《与诸生谈魏晋南北朝之家族文化》

搜集关于魏晋时期家族文化的不同价值取向，探究魏晋时期文化世家形成的原因。

要求：表述成文，逻辑清晰，不少于 800 字。（提示：可从时代环境变迁、地域区位环境、家庭风气等角度考虑）

第四章
以儒齐家的宋明士绅

【本章概述】

南宋理宗时，理学成为官方哲学。明代儒学继续发展，出现了阳明心学。那么，宋明时期济宁民众是如何践行孔孟之训，又是如何创造理学时代新家风的呢？

本章以一代名儒石介、孔府才俊及吏部尚书吴岳的家风事迹为例，描绘在理学影响下的一代代士绅为国为民的拳拳之心。让我们一起跟随时代的脚步，透过宋明儒士齐家治国的故事，体会他们厚重的家国情怀。

第一节
学正识卓的理学名儒石介

【人物生平】

石介（1005—1045），名介，字守道，北宋兖州奉符（今山东泰安）人。与孙复、胡瑗并称“宋初三先生”，世称徂徕先生。宋仁宗天圣八年（1030）进士，入朝为国子监直讲，官至太子中允，曾任郓州观察推官、嘉州军事判官等。

石介生于孔孟故里，坚持儒学传统，创建泰山书院、徂徕书院，以《易》《春秋》教授诸生，“重义理，不由注疏之说”，开宋明理学之先声。他以儒家立场反对佛道，其关于“理”“气”“文道”的论述对二程和朱熹影响甚大。

【家风掌故】

一、圣地受熏陶，父学继道统

兖州是胜地鲁邦，孔孟故里，自古文化发达，“其俗温厚驯雅，华而不窕，有先圣贤之风”，儒家传统深厚，讲学求学风气兴盛。历经唐末五代战事，在北宋“重文轻武”的文化政策影响下，本地文化逐渐恢复，并涌现出诸如穆修、王禹偁(chēng)等一批儒师、儒臣。石介出生在儒家圣地，深受本地文化传统熏陶，他曾感叹本地“圣人遗风烈，生民多材良。吾宋八十年，贤杰近相望”，直言“我本鲁国一男子，少小气志凌浮云”，自小就笃学有志向。

石介生长在“世为农家”“豪于乡里”的聚族而居的大家庭，祖辈务农为业。其父石丙在1012年中进士，“仕至太子中舍”。精通三家《春秋》之学，对其以后的治学影响深远。

唐末五代以来，社会分裂动荡，伦理纲常秩序混乱，汉唐诸儒改造下的儒学对失范的社会现实并不能起到调节和规度作用。与此同时，以阐释经书字句为主的儒家学说日益僵化，佛、道的崛起以及从外部对儒家的挑战，强化了北宋儒学家复兴儒学的决心。深受儒家熏陶的石介于儒道久丧之后力挽狂澜，将北宋儒学的承袭脉络一直追系到韩愈、孟子，其开拓创新的胆识和功绩尤值得后世肯定。

受儒家传统文化和其家庭环境等的影响，石介特别推崇儒家经典的六经，认为古时候的治道之要在六经。尤其重视《周礼》与《春秋》，认为“《周礼》明王制，《春秋》明王道，可谓尽矣。执二大典以兴尧、舜、三代之治”。石介倡导尧、舜、孔子等圣人之道，并且密切结合当时的社会现实，提出自己的见解。他抨击佛道，推崇儒家的正统思想，主张以儒学来维护社会秩序；向上继承与发展了韩愈等人的道统观，向下为理学家改造阐释奠定了基础。其在家乡徂徕山下讲学，重视儒家思想的传授，对当时儒学有很大影响。

二、自立顾家国，好学怀天下

石介生活在一个合族聚居的封建大家庭，他为照顾家业，“泣别庭闱，远来田园，学老圃老农之事”，这培养了石介自立和体恤他人的优良品质，增进了他对下层劳动人民疾苦的体验与了解。20 多岁时，石介北游魏地，到宋初古文家柳开的出生地瞻仰柳氏遗迹，深深感到“匈奴恨未灭，幽州恨未复”，体现了青年石介对国家、民族命运的极度关注和自觉的历史责任感。这些经历对他后来树立“国以民为本”的思想有着深刻的影响。

青年时期的石介，虽然生活十分艰苦，但他却一点也不在乎，仍刻苦攻读。他曾告别父母，离开家乡奔赴应天(今河南商丘)，拜学识渊博、负有盛名的范仲淹为师。在此期间，有个叫王渎的侍郎听说石介贫穷，便把会客时的美食送给他，石介以“朝食膏粱，暮厌粗粝，人之常情”为由谢还，自己宁可贫食粗粝，继续刻苦学习。

石介为官以后爱民惜民，为百姓疾苦着想，为国家发展支持改革。他一直以圣贤为榜样激励自己，根据经义结合现实以抒发己意，循道而言却又能切中时弊，将学术研究与社会现实密切结合。

三、修身齐家远，安贫乐道行

石介倡导“以仁义礼乐为学”，继承孔孟正统，坚持仁义孝悌、友睦敦和。其父石丙任单州砀山县令三年期满，将移任边远地区，但由于“蜀道之难，从来旧矣，少健轻捷者犹且疲乏弗克胜，岂老者所堪任也”，石介以父亲年老请于吏部，代父远官，任嘉州军事判官。

石介深受儒家思想的影响，践行儒家安贫乐道的精神，在困难的环境中仍保持进取之心，不仅自勉，也常鼓励子嗣友朋。“吾世本寒贱，吾身守贫约。家徒立四壁，无田负城郭。终岁服一衣，无装贮囊橐。吾虽得一官，官微月俸薄。况属岁凶荒，饥民填沟壑。吾幸有寸禄，不至苦陨获。随分且饱暖，不然亦流落。尔等勤初学，无耻衣食恶。”石介教育三个儿子，虽然家庭低微贫寒，但也要本分守法，不要以吃得差、穿得不好为耻辱，要发扬先贤安贫乐道的精神，早立大志，凭借自己的努力获得优越的生活。在徂徕山聚徒讲学和担任国子监直讲期间，石介孜孜不倦，广收学徒，“学者从之甚众”，从贫家子弟、富家公子到佛、老之徒都曾向他求学，他的言行影响了一批人。

【警句格言】

我本鲁国一男子，少小气志凌浮云。精诚许国贯白日，有心致主为华勋。位卑身贱难自达，满腹帝典与皇坟。有时愤懑吐一言，小人谤议已纷纷。宰相宽容天子慈，八年之中三从军。从军官清吾何苦，嘉州路远尔勿语。地不为我易其险，我岂守道不能固。子规子规漫啼绝，断无清泪洒向汝。

——石介《闻子规》

石介深受儒家文化的浸润，年轻时就胸怀凌云之志，逐渐树立了精诚报国的远大志向，随着年龄和知识的增长，准备为国家做出一番惊天动地的事业。为了“致主为华勋”，他刻苦攻读，中进士踏上仕途之后报效朝廷，关心百姓疾苦，尊孔崇儒，爱国爱民。

先生文武具，命兮竟不遇。死来三十载，荒草盖坟墓。四海无英雄，斯文失宗主。竖子敢颠狂，黠戎敢慢侮。我思柳先生，涕泪落如雨。试过魏东郊，寒鸦啼老树。丈夫肝胆丧，真儒魂魄去。瓦石固无情，为我亦惨沮。

——石介《过魏东郊》

这是石介在进士及第前访柳开墓时所作诗节选。柳开卒于真宗咸平三年（1000），“死来三十载”，大概此诗作于天圣七年（1029）。在荒草覆盖的墓前，石介感慨万千，他不仅伤怀于“斯文失宗主”“斯道亦不复”，也对“幽州恨未复”“黠戎慢侮”的北宋政治充满着忧虑。“涕泪落如雨”，已不仅仅是在悼哭柳开一人，而是在为北宋的政治前途和圣贤之道流泪，这也预示着其以后的奋斗方向，表现了他忧国忧民的家国情怀和历史责任感。

【推荐书目】

脱脱：《宋史·石介传》，中华书局1985年版。

这篇人物传记，语言简约平实，通过一则则小故事，大家可以了解石介的生平和当时复杂的党争，感受名儒石介高远的思想境界。

第二节 诗礼传家的孔府

【孔府简介】

孔府又称衍圣公府，位于孔庙东侧。孔府是孔子嫡系子孙居住的府第，也是中国封建社会官衙与内宅合一的典型建筑。孔子死后，子孙后代世代居庙旁守庙，看管孔子遗物。封建帝王赐孔子后裔府第的最早记载是汉元帝封孔子十二代孙孔霸为“关内侯，食邑八百户，赐金二百斤，宅一区”。“衍圣公”是孔子嫡派后裔的世袭封号，始于北宋至和二年(1055)，终于1935年，承袭了32代、近900年。历代衍圣公都在孔府里办公和生活。

现在的孔府基本上是明、清两代的建筑，共九进院落，号称“天下第一人家”，是典型的中国贵族门户之家。孔府有前厅、中居和后园之分。前厅为官衙，分大堂、二堂和三堂，是衍圣公处理公务的场所。衍圣公为正一品官阶，列文臣之首，享有较大的特权。前厅另设知印、掌书、典籍、司乐、管勾和百户等六厅办事机构，为孔府服务。中居即内宅和后花园，是衍圣公及其眷属活动的地方。孔府还保存着不少历代珍贵文物，如“商周十器”、元明衣冠和大批明清文书档案。

【家风掌故】

一、“冷板凳”

孔府大堂后门，有穿厅与二堂相连。穿厅里有两条红漆长板凳，是为前来拜见的客人等候时休息用的，本地人又称之为“冷板凳”。“冷板凳”背后的故事发生在明代，源于奸臣严嵩被弹劾、朝廷将要治罪时专程到孔府请当时的衍圣公出面向皇帝为他说情的故事。

明武宗正德五年（1510），刘六、刘七率领农民起义，自河北进入山东，破曲阜。皇帝下旨，迁移曲阜县城，守护孔庙孔府。严嵩深谙皇帝心思，更清楚移城目的，在修城的同时在城中大兴土木，修建孔府，从而奠定了今天的规模。严嵩有功，得到晋升，不久召为国子祭酒，后任礼部尚书，又以武英殿大学士的身份入阁，从此专权二十年，任内阁首辅十五年。衍圣公为表感谢，恳请严嵩题名，写下了“圣府”，制成金字蓝底竖匾，高悬在孔府大门上方正中的门楣上。后来，严嵩的孙女嫁给孔子六十四代嫡孙、衍圣公孔尚贤，严嵩与孔府结成姻亲。

物极必反，因其倒行逆施，在嘉靖四十一年（1562），皇帝将曾经红极一时、权倾朝野的严嵩革职。严嵩想通过衍圣公圣人之后的特殊身份，到皇帝那里为自己说情免罪。严嵩急匆匆地赶到孔府后，经仆人禀告多时，却久不见回音，就坐在穿堂厅的红色长凳上。严嵩坐等了一天，衍圣公孔尚贤不徇私情，始终不予接见。无果而返的严嵩没过多久就被朝廷查办。后来，人们就把严嵩遭冷落时坐过的两条长板凳叫作“冷板凳”。

二、“公爷过犭贪了”

孔府内宅门照壁上有一幅特殊的彩色壁画，名为“戒犭贪图”，绘于明代，上面有一头貌似麒麟的神兽，叫作犭贪。“犭贪”传说是天界神兽，生性贪婪，有吞金夺宝的习性。尽管脚下及周边彩云中全是独占的宝物，但它仍不满足，还想吞噬太阳，最后落了个葬身大海的可悲下场。

有人说犭贪就是传说中龙生九子之一（排行老五）的“饕餮”。关于“饕餮”的传说颇多，古代钟鼎彝器上多刻其头部形状以为装饰。《山海经·北山经》有云：“钩吾之山有兽焉，其状如羊身人面，其目在腋下，虎齿人爪，其音如婴儿。”《吕氏春秋·先识》云：“周鼎著饕餮，有首无身，食人未咽，害及其身，以言报更也。”《神异经·西南荒经》云：“西南方有人焉，身多毛，头上戴豕，贪如狼恶，好自积财，而不食人谷，强者夺老弱者，畏群而击单，名曰饕餮。”此兽凶恶贪婪，后来“饕餮”喻指贪食、贪婪、贪得无厌者。

“戒狳图”意在借兽喻人，其用意非常明显，那就是借“贪”的丑恶形象告诫子孙，切不可贪婪纵欲。孔府主人衍圣公请工匠绘制“戒狳图”时，还立下一个特殊的家规：凡衍圣公从内宅出来路过照壁时，跟班的差人必须大喊一声“公爷过狳了！”表面上是通报“公爷要出门了”，其实是提醒孔氏子弟要以德为本，保持清正廉洁，不可辱没家风。

戒狳图

三、祖训家学育后人

由于历代统治者尊崇孔子和儒学，孔家大族备受优礼。为了显示圣贤子孙的不同，抑或为了弘扬国学（传统），历代都重视孔氏家学的发展。

衍圣公们在读书之余，也不忘孔老夫子“不学礼无以立，不学诗无以言”的祖训，通过琴棋书画来陶冶情操。孔府西学的安怀堂中有专门的弹琴室、品砚室、观画室、书写室、绘画室、弈棋室等，东学中的兰堂和九如堂中也有专门的画室和书室。清以来的历代衍圣公在这些方面都有不凡的造诣。比如，六十七代衍圣公孔毓圻，“爱好诗文”，书画俱佳，但学尚实行，不贪图虚名，留下的诗作很少。工于书法，擅长绘画，尤其喜爱和擅长画兰花，笔墨清雅。代表作有《兰堂遗稿》《金人铭》《后赤壁赋》等。

四、“诗书是敦”的孔氏后人

儒家历来主张修身、齐家、治国、平天下，对齐家十分重视。宋代以后，随着朝廷对衍圣公府和儒学的重视，孔氏族规家训成为各地孔氏族人的“祖训箴规”，并结合当地实际“各以祖训是式”，培养了一批诗礼传家的后人。

孔贞运，字开仲，孔子六十三代孙，明朝诗文家。曾任翰林院编修、国子监祭酒、南京礼部侍郎、吏部左侍郎等职，官至首辅，谥文忠。在魏忠贤把持朝政大权时，孔贞运不畏权势，不与他来往。著有《光宗实录》《熹宗实录》《词林会典》等作品。其兄孔贞时（原讹作孔有时）亦有文采，著有《鲁斋集》。

孔尚任，孔子六十四代孙，清初诗人、戏曲家。他的父亲为明朝举人，为人正直，因看不惯官场黑暗而辞官归隐。孔尚任自幼在孔家祖规家训的影响下，受到了很好的教育，既爱好诗文，又精通乐律，成为秀才后，为衍圣公府编志修谱，受到称赏，创作了不朽剧作《桃花扇》。康熙皇帝南巡特意到曲阜祭孔，衍圣公孔毓圻保举孔尚任为康熙讲说经义，导游“三孔”（孔府、孔庙、孔林）。

孔广森，字众仲，孔子七十代孙，清代著名学者。他的祖父是衍圣公孔传铎，父亲是著名经学家孔继汾，叔父孔继涑、堂叔孔继涵都是当时著名的书法家和学者，皆为一世名流。孔广森幼承家学，并得到父兄家长的厚爱栽培，曾受当时多位名师如戴震、姚鼐等的教导，精通音韵训诂和公羊学，对古代数学原理研究有独到之处。他学识广博，但不热心仕途，潜心著述，著作主要有《少广正负术》《诗声类》等。

【警句格言】

袭封衍圣公府，为申明礼仪事。尝闻木之有本，本之盛者木必茂；水之有源，源之深者流必长。此皆理势之自然明著而易见者。我先祖宣圣，万世礼乐宗师，德配天地奕祀，教学模范，道冠古今……

崇儒重道，好礼尚德，孔门预知而素行者。为子孙者，毋嗜利而忘义，以干吏卒，出入府县衙门，有亏先德。

……

祖训宗规，朝夕教示子孙。务要读书明

礼，显亲扬名。勿得入于流俗，甘为人下。

——摘自《孔府档案》1101 卷

《续修江西临江孔氏支谱原颁条例》

为严立家规条例，垂训子孙，以重圣裔，以答皇仁事。窃惟吾祖为万世师表。道德文章，诗书裕后。开祥阙里，衍秀平林。耕读两事，传衍至今，洵可谓古今一大家矣。迩来南宗圣裔，枝繁派盛。惟愿遵守圣祖遗训，敦孝友以为政。于家学诗礼，以承训于庭。天伦是敦，国宪是守。孝弟忠信，力为行之。礼义廉耻，身为体之。奸盗诈伪，必毋为也。侈泰强横，不可蹈也。……

——摘自《孔府档案》1234 卷

《钤印续修岭南保昌平林孔氏家谱》

《孔府档案》记载了大量孔氏族长等职官和纂修家谱的情况，以及孔氏宗谱、各省支谱、宗法族规、家族事务、优免孔氏差徭赋税等内容。各地的孔氏后裔不但以孔子子孙为荣，还强调诗礼传家，崇儒重教，恪守族规国制，敦睦孝友，读书明理，诗书继世，忠信廉俭，重视德行修养。他们会结合本地实际情况制定族规家训，教育后世子孙。

【推荐书目】

1.孔祥林：《衍圣公与衍圣公府》，中国社会出版社 2012 年版。

这本书在研究孔子长孙袭封的历史、职责的同时，也考证辨析，正本清源，澄清错误。读后可以更加清楚地了解衍圣公。

2.孔繁银：《衍圣公府见闻》，齐鲁书社 1994 年版。

这本书从曲阜孔府的历史形成、组织、祭祀、田产、陈设等方面，介绍了孔府的内情，值得一读。

第三节
清廉有节的吏部尚书吴岳

【人物生平】

吴岳（1501—1570）是明嘉靖十一年（1532）进士，历任户部主事、郎中、保定知府、贵州巡抚、南京吏部尚书、兵部尚书。吴岳为人坦爽，嫉恶如仇，为官清正廉明，刚正不阿。善诗词，有《望湖诗稿》流传至今。

吴岳像

【家风掌故】

齐鲁大地流传着“问我祖先在何处，山西洪洞大槐树”的歌谣，而吴岳的先祖吴从善正是由山西洪洞县，历经东阿、东平，最后迁入汶上南旺镇的。吴氏家族以笃实仁让为本，以耕读为业。吴岳自幼埋首书斋，攻读圣贤之学，孜孜不倦。嘉靖七年（1528）戊子科乡试时考中举人，名噪乡里。嘉靖十一年（1532）会试，考中壬辰科进士，年仅30岁，点授户部主事，踏上仕途，开始了官宦生涯。

以笃实仁让为本的家教家风时刻影响着吴岳，青年时期他就立志“以圣人可学而至”，在学习和生活中践行圣人之训。他曾说：“不矜细行，终累大德。”这些优良的品质和致君泽民的思想一起构成吴岳日后为官的思想基础，使他能够成为一名清廉有节的好官。

吴岳在任户部郎中之时，奉命督饷宣府（今河北宣化）。宣府是明朝九边之一，属军事重镇，兵多将广，乱事层出。吴岳到任之后，对粮饷进行严格管理，力求一分一两都用在镇守边关上。有些刁钻之徒见吴岳大权在握，便想趁机贿赂拉拢他，遂将数千黄金送往吴府。吴岳“正色拒之，纤毫皆登簿籍”，并将此事奏明皇帝，予以查办。

之后，吴岳升任庐州府知府。庐州府每年所收数万金官税多有结余，按惯例由知府个人支配，而吴岳并没有中饱私囊，他将部分结余款项作为当地的邮传费，添置了驿站设施，补充了邮传人员，使民间邮传困难的现象得到缓解。庐州西山的木材自古都是专供政府砍伐、使用，吴岳感到不尽合理，“弛以利民”。

吴岳后因父母的丧事而去职，在服丧期满后，改任保定府知府，治如庐州。保定有边兵、军士各数千人，均以河南、山东四府解银二十万充作军饷，又有吏农贴班银，每年达千金以上。以往这千金之资可归知府私有，人们并无异议，而吴岳却将“吏农贴班银发县贮库，以为过往下程之用，而里甲不费一钱”，从而减轻了百姓的负担。

后来，吴岳升右佥都御史，巡抚保定、河间、真定、顺德、广平、大名六府。他注意到每年秋天各州官员参谒，由于随行人员车马众多，不仅各种花销开支大，而且踏毁了大量民田，农户的瓜果蔬菜也遭军士偷吃。在了解到这些弊端后，吴岳下令禁止各官参谒，并严格约束军士，从此农民的园圃再没有因此受到破坏。他还详细比较分析了当地官府所征费用项目和百姓收支情况，发现杂税太多，百姓实在无力承受，便奏请皇帝裁减各种赋税，当地穷苦百姓争相传颂，呼之为“吴青天”。

吴岳历官各地，廉洁奉公，革除弊政，爱护百姓，史称“清净得民”。明朝三朝元老、户部尚书马森曾称赞吴岳和谭大初是其生平所见的仅有的两位真正清廉节操之士。

吴岳在弥留之际对两个儿子嘱咐道：“我做官几十年，囊空如洗，只存这部《望湖诗稿》。我死之后，你们不要向朝廷求恤典。”儿子唯唯称是。看着父亲盖的是家织粗布棉被，穿的是粗布衣衫，所有家具、器皿全无雕饰，儿子们眼里饱含泪水。吴岳在垂暮之时仍在践行清正廉洁的为官之道，并以自己的实际行动教育后代，传承以笃实仁让为本的家教家风。

【警句格言】

不矜细行，终累大德。

——《尚书·旅獒》

这句话的意思是：为人如果不注意细行小节，就会在大的方面出现问题。吴岳十分注意个人修养，不仅在做人方面，在做官方面也严格要求自己，终成廉洁有节之士。

【推荐书目】

1.《明史·吴岳传》，中华书局1974年版。

这是官方修撰的史书中的一篇传记，对吴岳的从官经历及主要事迹进行了记载，字数不多，内容也适合高中生阅读，是了解吴岳的必读篇目。

2.刘保金：《吴岳评传》，《信阳师范学院学报》（哲学社会科学版）1991年第4期。

这篇文章从四个不同的方面对吴岳的为人和为官进行了介绍并给出了评价，可作为了解吴岳生平的参考读物。

【学习拓展】

宇宙之间，一理而已。天得之而为天，地得之而为地，而凡生于天地之间者，又各得之以为性。其张之为三纲，其纪之为五常，盖皆此理之流行，无所适而不在！

——《晦庵先生朱文公文集》卷七〇《读大纪》

请结合本章内容，以“宋明理学与家教家风”为主题写一篇历史论文。

要求：论题明确，史论结合，逻辑清晰，不少于800字。

第五章
不畏时艰的近代家风

【本章概述】

近代以来，社会各阶层探寻中国发展出路成为时代的主题，波澜壮阔的救亡图存运动此起彼伏，接连不断。家国相连，国运即家运，近代家风在承继传统家风文化的同时，又蕴含着振兴国家、民族的时代价值取向。面对“数百年未有之大变局”，近代家风如何历久弥新、走向未来？

本章以孙氏家族、名医颛孙镜朗、音乐家李淦、士绅杨汉章的家风事迹为例，展现生生不息、历久弥新的近代家风，让我们一同回眸那段艰苦卓绝的岁月，感受近代家风的传承。

第一节
官商兼为的孙氏家族

【人物生平】

孙毓汶（1834—1899），字莱山（亦作来杉），山东济宁直隶州（今济宁市任城区）汪庄人。

孙毓汶是乾隆时期大学士孙玉庭之孙，尚书孙瑞珍之子，清道光二十四年（1844）状元孙毓蟲的堂弟。清咸丰六年（1856）一甲第二名进士（榜眼），进士及第后授翰林院编修。咸丰八年（1858），赏翰林院侍读衔。后官至军机大臣。

甲午战后，孙毓汶告假归乡。清光绪二十五年（1899），因病去世，谥号“文恪”。

【家风掌故】

孙氏祖上历来有注重读书教子的传统。孙鳌化（明朝廪生）临终时嘱托儿子孙瀛洲："我恐遂不起，念先世，世为儒，我亦靡国饩十年，时势如斯，且复奈何？"孙瀛洲回答道："儿薄植，故无尺寸柄计，惟有断不改此头面，以不辱吾亲。"这一对话所承载的嘱托与誓言，深刻影响着孙氏治家教子的传统，成为孙氏家族功成名就的家训言传。

良好的家风传承，使孙氏后人积极上进，每个人都有不科考名第决不罢休的韧劲儿。自七世孙扩图之后，孙氏家族更是不乏好学上进、倾心致力仕途之人。据不完全统计，仅清代科考及秀才以上的就有 46 人之多，出了 9 个举人，6 个进士。乾隆至咸丰年间，特别是孙扩图于乾隆十年（1745）考中进士担任钱塘知县后，连续四代有 4 人进士及第入翰林，还出了状元孙毓溎，榜眼孙毓汶。

孙毓汶出生于清朝要员家族，因母亲出身卑微，年幼的孙毓汶也经常受到欺侮，但他幼年时便展现出聪颖过人的天资，深受父亲的喜爱。父亲孙瑞珍出于对儿子的疼爱，到外地做官时，也把他带在身边，又专门聘请名师大家教授他学业。孙毓汶天资聪慧，加之学习非常刻苦认真，很快就满腹经纶、才学满满。

咸丰二年（1852），孙毓汶在乡试中成功考中举人，四年后又参加顺天乡试、殿试，考中丙辰科一甲第二名，授翰林院编修。1866年，朝廷举行大考，满朝官员几乎全部参加，孙毓汶一举夺魁，朝中大小官员无不对他刮目相看，朝廷因此擢升他为侍讲学士，专门负责给皇帝和王公大臣讲学，孙毓汶因而成为皇帝比较器重的官员之一。1867年，孙毓汶先后到四川、福建等地任学政，后很快又调回京城，授侍读学士。

光绪七年（1881），孙毓汶赴江南办事，回朝后改任工部右侍郎；光绪八年（1882），改任左侍郎兼署仓场侍郎；光绪十年（1884），兼署刑部尚书；光绪十一年（1885），在总理各国事务衙门行走；光绪十二年（1886），升工部侍郎，出任会试主考官；光绪十四年（1888），转任吏部右侍郎；光绪十五年（1889），升刑部尚书，赏太子太保衔；光绪十六年（1890），以刑部尚书出任会试主考官，授军机大臣；光绪十九年（1893），任顺天乡试主考官，升兵部尚书。短短十几年间，孙毓汶在官场平步青云，是继祖父孙玉庭之后又一位历经清咸丰、同治、光绪三朝的元老。正是自身的聪慧好学与良好的家风传承，才成就了孙毓汶的仕途之路。

孙毓汶还是出了名的大孝子，自从为父亲丁忧期满后，他就把母亲接到身边，尽心伺候。在母亲病重期间，他更是食不知味，寝不解衣，亲自忙前忙后伺候于床榻之前。光绪元年（1875），母亲病故，他奏请皇帝恩准，专程回济宁为母亲发丧。

孙氏家族注重节约俭素，孝廉贤达，廉洁齐家。孙氏家族膝下无纨绔子孙，而且个个勤奋好学，克勤克俭，形成了良好的家风传承。

【警句格言】

归田述感

其一

江海三年客，萍蓬无定居。
此生遭圣代，高枕乃吾庐。
慈竹春阴覆，荒城鲁殿余。
开襟驱瘴疠，跋涉体何如。

其三

扶病垂朱绂，低头愧野人。
本无轩冕意，直取性情真。
忧我营茅栋，呼儿正葛巾。
礼宽心有适，对酒满壶频。

【推荐书目】

刘玉平、刘勇：《济宁重要历史人物》，中国社会出版社 2012 年版。

这本书介绍了从远古、西周、春秋战国、秦汉、魏晋南北朝、隋唐五代、宋金元明清直至近现代济宁的历史人物的生平与风采，同学们可以透过此书一窥济宁历史发展的脉络。

第二节
济世活人的名医颛孙镜朗

【人物生平】

颛孙镜朗（1900—1974），复姓颛孙，字镜朗。出生于邹县，后徙济宁，精于内科，济宁四大名医之一。

其为孔子弟子十二贤之一颛孙子张后裔。其父颛孙士章，早年以缫丝为业，惨淡经营，积劳成疾。年幼的颛孙镜朗每日为父亲延请医生，受尽刁难。颛孙士章有感于此，总是教诲儿子："受尽十年寒窗苦，不为良相，当为良医。"从此，颛孙镜朗立下志愿，发奋学医，潜心六载，有所心得。

【家风掌故】

一、潜心苦专，济世活人

颛孙镜朗自幼天资聪慧，7 岁便入私塾读书，遍读“四书五经”和《史记》《汉书》，对于唐诗、宋词、诸子百家亦是无所不通。历尽九载寒窗之苦，颛孙镜朗于 1916 年入师范讲习所学习一年，坚实的古文功底为后来钻研医学打下了良好的基础。

颛孙镜朗 18 岁时初览医籍，先以《医方集解》《医学三字经》《汤头歌诀》《长沙方歌括》等医学著作为启蒙，进而攻读《内经》《神农本草经》《难经》《脉经》《伤寒杂病论》等经典著作，还博览《千金方》《温病条辨》《外台秘要》《巢氏病源》等名家医著。

颛孙镜朗常说：“我生不才，唯在勤奋上痛下功夫”，“读书之捷径，无非苦与专”。为牢固掌握经典著作的基本内容，他精研明义，勤奋不倦。读书时，他对重要章节进行圈点标画、批加按语，还精心做了近百本读书笔录。

这种勤奋苦读的精神对家中子弟影响颇深，颛孙镜朗的传人孙复猷于 20 世纪 60 年代就读于山东中医学院，精于内科、妇科和儿科，现已传承四代。第三代传承人孙兴开办中医诊所，擅长治疗内科常见病、多发病以及妇科、儿科疾病。

1936 年，颛孙镜朗返回家乡济宁行医，亲手创办了“镜朗国药小室”。药室开业后应诊不暇，远近闻名。西大寺街有一沈氏老太，年逾六旬，平素里以卖粥谋生，生活极为穷困。因患失血症，有口吐鲜血之症状，注射止血针剂亦不能有效缓解，恐命不久矣，沈老太的家人已备整寿衣。后经人介绍请到颛孙镜朗，他诊其脉象后认为老人尚可救治，便开具药方，果然数剂而愈。沈老太全家人对颛孙镜朗肃然起敬，奉若神明。诸如此类治病救人、妙手回春之例，数不胜数。每遇生活贫困之家，颛孙镜朗更是施诊送药，不取分文，这种精神对家中子孙影响深远。颛孙镜朗之孙孙兴说："因为饱受为父求医之苦，所以祖父不收病人礼品，上家看病不赶在饭点，在那个缺医少药的年代，这成为孙氏家族恪守的从医原则。"

新中国成立后，颛孙镜朗投身于祖国医疗卫生事业，毅然将珍藏多年的稀世珍本——《褚氏遗书》《心印绀珠经》等文献献出。珍本的刊行问世，为发掘祖国医学遗产做出了重要贡献。颛孙镜朗治病胆大心细，智圆行方，药简效宏，立起沉疴，各界名流纷纷送上"家学渊源""神乎技矣""思邈遗风"等匾额以示颂扬。颛孙家后辈均以此等精神风气要求自身，让良好家风代代流传。

二、医德高尚，超尘拔俗

神医扁鹊曾说："人之所病，病疾多；医之所病，病道少。"颛孙镜朗常以扁鹊此言律己，他认为，医生若想治病救人，应当先治道少之病。

他以治病救人为第一要事，极力反对"同行相忌"的陋习。

某天深夜，颛孙镜朗正专心致志地伏案读书，突然邻居王某叩门求医，他随即披衣跟随前往，原来是王某家小儿染上了麻疹。孩子服用了其他医生开的汤药后，麻疹未出齐却又闭合，致使患儿性命危在旦夕。颛孙镜朗认为，治疗麻疹必先透表，而后再进行清里，过早清里必有危险。但他当时并没有埋怨其他医生，而是迅速找来温热的黄酒浸过芫荽，然后擦涂患儿全身。患儿身体慢慢泛红，最后脱离险境。颛孙镜朗又嘱咐王某继续按前医方剂服药，不久病儿痊愈。此事过后，不但王某全家欢喜感恩，那名医生听闻此事之后，更有感于颛孙镜朗医德之高尚。

新中国成立后，颛孙镜朗打破门户之见，努力钻研并学习掌握了现代医学知识。他利用为著名针灸家毛玉会治病的机会，极力劝说毛玉会放弃“传内不传外”的陈旧思想，开办针灸学习班，大大推动了针灸事业的发展。“文化大革命”中，颛孙镜朗更是强撑失一目而多病的身躯，对登门求医者分文不取，表现出超尘拔俗的大爱精神和高深修养，这亦对子孙影响深远。

【警句格言】

读书重在明理。若不明理，死记条文，虽读犹未读也。

劝君涵养怒中气，烦恼看开觉路多，医

书未焚留心读，豪情把酒且高歌。

——颛孙镜朗

【推荐书目】

时镒：《孔孟之乡名人名胜名产》，山东大学出版社 1996 年版。

这本书分为三卷，分别讲述了孔孟之乡的历史名人、现代名人及名胜名产。著名史学家安作璋先生评价此书“是一部不可多得的好书”。欲知大道，必先为史。同学们可以从这本书中感受到优秀的文化传统，激发热爱家乡、建设家乡的热情。

第三节 勤奋为党的音乐家李淦

【人物生平】

李淦（1918—1966），济宁市龙门街人。1937年，李淦参加济宁的抗日救亡运动。1938年，李淦加入中国共产党，随后创作了《今日的苏联》《保卫峄县》等作品。

自1943年起，李淦先后担任民先剧社、战士剧社、新四军文工团政治指导员，在进行思想建设和组织建设的同时，创作了《千里雷声》《立功歌》等多部作品，为战士们战胜敌人提供了精神力量，曾荣立一等功。

【家风掌故】

一、爱国之心，家风传承

在山东省济宁市龙门街的深处，有一座李家故宅。大院内坐着一位慈眉善目的老人，他便是李淦的父亲李寿民。李寿民为济宁的教育事业做出了卓越的贡献，他中学毕业后从事教育事业，为五四运动演讲，为反对“二十一条”奔走呼号。在担任济宁私立乐育小学校长期间，因反对国民党的严酷镇压活动而愤然辞职，用自己的方式支持着爱国运动。受到父亲的影响，李淦也逐步成长为一名具有强烈爱国之心的先进分子。李寿民在李淦幼年时就多次告诫他，万事应以国家为重，李淦也始终牢记父亲的教导。为进一步学习，李淦跟随父亲入校读书，在学习的过程中，李淦特别钟情于爱国歌曲以及国文，课余还参加了学习文明戏等活动。幼年的经历为李淦以后的成长道路奠定了基调，爱国之情愈发浓郁，奋斗精神开始显现。两代人朝着一个方向不断前进，爱国之心通过家风得以传承。

二、音乐之星，冉冉升起

受到良好家庭氛围的影响，李淦从小便树立了远大的音乐梦。1934 年，李淦初中刚刚毕业，由于家庭变故，父亲无力供他上高中，于是他只能考入济南省立第一师范学校。除了在校学习常规课程，课外李淦更加专注于音乐和文艺。这期间，他开始阅读与革命有关的文学作品，并参加相关的进步行动。李淦多次以“水金”的笔名发表忧国忧民、抨击时弊的诗文．这为其以后的音乐创作奠定了基础。

1936 年寒假，李淦参加了进步师生组织的话剧队，排演根据田汉的《械斗》、高尔基的《母亲》改编的独幕剧。学校里的国民党特务利用单纯的学生进行破坏活动，竭力拉人到他们那里出演《捉放曹》之类的京戏，与进步师生对抗。李淦等人进行针锋相对的斗争，最终获得成功。

1938 年，汪精卫公开投降日本，激起了爱国人士的极大愤慨。李淦也不例外，他于第二年创作了歌曲《谁是乌龟大王八》，用音乐倾诉了对汉奸走狗的满腔愤怒。这首歌很快在山东广泛传唱开来，后又流传到其他地区。

三、红色音符，革命人生

静态的音符饱含着李淦的爱国热情，激昂的旋律诉说着李淦的远大抱负，浓郁的家风激励着李淦不断前行。作为一名文艺工作者、一名音乐家，李淦自始至终牢记着父亲的教导，将自己的青春献给了党，献给了革命。1937 年春，“山东各界抗敌救亡协会”“山东文艺界抗敌救亡协会”先后成立，李淦任委员，他积极开展抗日救亡的宣传工作。李淦的身影无处不在，在到济南火车站的请愿团中能看到他的身影，在千佛山下的学生集会中也能看到他的身影，在宣传抗战的街头游行示威中亦能看到他的身影。

解放战争时期，李淦担任新四军文工团政治指导员。他致力于文工团的政治思想工作建设，在此期间创作了大量革命歌曲，用《和平的花朵》等歌曲告诉我们要珍惜革命胜利的果实，受到了广大人民群众的欢迎。

我们从一首首歌曲中感悟到革命先辈的辛劳，我们从李淦的故事中见证了优良的家风，让我们共同传承，共同迎接美好的未来。

【警句格言】

> 国亡无日，山河破碎，谁负这千秋之罪？血的鲜花开放了，结成了复仇的种子，引发那觉醒的惊雷！
>
> ——李淦《仇恨燃烧心头泪》

在李淦看来，音乐要“振奋人心，歌唱进步，反映时代”，正是有了这样的音乐理念和爱国热情，年仅 18 岁的李淦创作了自己的第一部作品《仇恨燃烧心头泪》。针对国难当头而麻木不仁、沉醉于红灯绿酒中的反动当局，李淦在歌中诘问道：“国亡无日，山河破碎，谁负这千秋之罪？”饱含激情地呼吁：“血的鲜花开放了，结成了复仇的种子，引发那觉醒的惊雷！”

【推荐书目】

王杰：《萤火集》，学林出版社2009年版。

这本书记录了诸多文艺工作者传奇的人生经历以及台前幕后的生活体验。炮火连天的革命战争也好，风平浪静的和平年代也罢，这些老艺术家无论是面对顺境还是逆境，始终一如既往，全身心地投入他们所热爱的文艺事业。这本书有《革命战士，人民的音乐家——追忆李淦同志》一文，品读这篇文章，再回忆李淦的一生，不禁让人为之动容。

第四节 清白传家的士绅杨汉章

【人物生平】

杨汉章（1884—1969），名炳坤，济宁金乡鸡黍镇杨瓦屋村人。杨汉章自幼好学，熟读“四书五经”，清末考中秀才，后进入济宁中学堂读书。1911 年考入山东省优级师范学堂，研习数理化。杨汉章在辛亥革命前即是同盟会成员，曾参加反对袁世凯称帝的斗争。1914 年毕业后，从事教育工作，先后任教于陵县师范讲习所、胶县师范讲习所、济南私立正谊中学。1928 年返回故乡金乡县办学，以教书育人为掩护，兴办团练，支持革命。七七事变后，杨汉章积极支持八路军在金乡的发展，广泛发动群众参加抗日救国斗争。解放战争期间，杨汉章坚决反对国民党发动内战，担任了晋冀鲁豫边区政府委员。

【家风掌故】

一、清白传家，廉正自守

相传金乡杨氏家族迁自江西崇仁县，始祖曾任金乡主簿，因擅自开仓赈灾而被问罪，等到麦收时，金乡县人筹集粮食将他赎出。此后，杨氏家族便在金乡落户，“清白传家”的家训也流传至今。杨氏宗族的四世祖官至布政使，与海瑞关系颇好，家族中后辈读书人都以海瑞清廉作风教育后代。

杨汉章的父亲杨锡敏，字励甫，是清朝拔贡。杨锡敏看到清朝政治的腐败以及辛亥革命以来的军阀混战，常告诫杨汉章要甘于清苦，廉正自守。杨汉章和他的后人就是在这种家风的耳濡目染下成长的。

二、深明大义，教子爱国

杨汉章虽生于晚清，但很早便接触了新文化思潮。1919 年 5 月 4 日，反帝爱国运动震动全国，全国的青年学生、工商界纷纷发表通电声援五四运动，积极投入反帝反封建的洪流。杨汉章也鼓励 9 岁的儿子杨希文参与请愿、罢课游行和抵制日货。1925 年 5 月 30 日，中国共产党人为揭露帝国主义枪杀顾正红、抓捕学生的罪行，发起了五卅运动，组织全上海的民众罢课、罢市、罢学。当时杨汉章正在济南私立正谊中学教书。为了声援上海，杨希文所在学校和其他学校学生罢课，纷纷走上街头反对英、日等帝国主义。杨汉章经常向儿子杨希文询问游行的情况，并且考虑到当局可能会镇压，嘱咐他们游行时要注意警惕。

大革命时期，杨汉章支持国共合作，拥护以打倒军阀为直接目标的反帝反封建斗争。

七七事变后，杨汉章更是不畏艰险，积极从事抗日救国斗争。为了筹集物资支援前线，打击汉奸特务活动，1937 年 7 月底，杨汉章联络社会各界进步人士与共产党人周子明等建立了金乡县抗敌后援会。儿子杨希文多年来一直从事民众教育工作，全面抗战爆发之后，杨希文更是以多种形式参加抗日战争，以自己的方式培养后备抗日力量。1940 年 3 月，金乡县成立了抗日民主政府，杨汉章投身抗日民主根据地建设，动员青年学生参政，仅他的子侄和孙辈参加工作的就有十余人。杨汉章在教育学生、激励后代、团结社会各界进步人士方面起到重要作用，为抗日战争、解放战争的胜利和社会主义革命建设做出了重大贡献。

三、艰苦朴素，终身学习

杨汉章秉持“清白传家，廉正自守”的家风，注重身体力行，一生艰苦朴素，重视学习。

1944 年，杨汉章任湖西地区参议员。湖西地委和专署知道杨汉章家庭清苦，决定以为杨汉章母亲祝寿的名义，补贴他们一笔钱。杨汉章认为专署经费紧张，又把钱退了回去。

1947 年的冬天，杨汉章到冀东建国学院工作。他带着妻子和两个孩子住在一间非常简陋的土房里，寒冬腊月连个取暖的火盆都没有，学校要给他们家补助白面却又被他谢绝了。

1953 年，杨汉章调任山东省政府委员，后来又担任山东省政协常委、山东省文史馆馆长等职，当选山东省第一、二届人大代表和第三届全国人大代表。他虽然年逾古稀，依然经常拜访师友和文教界人士，认真学习党的政策和文件，购买了《政治经济学》《辩证唯物主义》《干部必读》等马列主义读物，进行深入的研读并且圈画标注。

杨汉章去世后，儿子杨希文在整理父亲的遗物时发现了一个笔记本，这个笔记本的正反面用铅笔、毛笔、钢笔写满了学习和报告记录、领支经费的明细、准备聘请的教员和抄写的诗词等。岁月如流，杨汉章依然坚守清廉的初心，吟诗言志，砥砺子孙后代。

【警句格言】

诗两首

其一

华东部队勋业高，转战移师不惮劳。
夜渡黄河寒敌胆，昼行绿野惜秋毫。
谋猷预定兵心壮，运动适时阵势劳。
大举反攻收失地，驱驰南北救同胞。

其二

频传捷报喜气盈，沦陷人民庆更生。
屡败顽军难复振，反动劲旅莫与争。
横过陇海地区扩，飞渡长江天气晴。
解放中华功最著，书名竹帛永光荣。

——杨汉章

这两首诗摘自《爱国民主人士杨汉章》一文。1947 年 6—8 月，刘邓大军千里跃进大别山并建立革命根据地，为转入全国性的战略进攻奠定了基础。杨汉章欣闻捷报，遂提笔赋诗，抒发内心激动的心情。

【推荐书目】

山东省政协文史资料委员会：《山东文史集粹》，山东人民出版社 1993 年版。

这本书中杨汉章先生的长子、山东大学原副校长杨希文的《忆先父杨汉章》一文，使我们清楚地看到，清白传家、廉正自守的家风传承离不开杨汉章的言传身教。

【学习拓展】

近代中国跌宕起伏，饱经磨难。为了挽救民族危亡，实现国家富强，代代英才慷慨赴国难，视死忽如归。追溯这一现象出现的原因，与优秀的近代家风文化分不开。

1. 请结合中国近代历史的发展，谈一谈近代家风传承的历史背景，写一篇 300—400 字的小论文。

2. 请在本章中选择你最喜欢的家风故事，并以此为主题，制作一张图文并茂的手抄报。

第六章
社会主义的时代楷模

【本章概述】

1949 年 10 月 1 日，随着五星红旗在天安门广场冉冉升起，历经百年屈辱的旧中国迎来新生。那么，沐浴在灿烂阳光下的济宁人民，是如何传承孔孟之乡的质朴家风，又是如何在新时代创造新家风的呢？

本章以解放军战士王杰、劳动模范祝玉华等人的家风事迹为例，描绘了一代共产党人“舍小家，为大家”的家国情怀。让我们一起触摸时代的脉搏，感受红色基因的魅力。让我们铭记一代人做出的牺牲，回望一代人走过的路途。他们，无数个伟大或平凡的建设者，用身躯和信仰，铸就了红色中国的家风新风尚。

第一节 共产主义的好战士王杰

【人物生平】

王杰（1942—1965），济宁市金乡县华垌村人，1961 年入伍。王杰在部队不怕吃苦，两次荣立三等功，被评为“模范共青团员”和“一级技术能手”。

1965 年 7 月 14 日实爆训练突发意外，为保护在场干部群众，王杰临危不惧，迅速扑向炸药包，献出了自己年仅 23 岁的生命。

【家风掌故】

一、张德扬惠，守规遵训

1942年10月，王杰出生于山东省金乡县城郊乡华堌村，父母均是普通农民。

“问我祖先在何处，山西洪洞大槐树”，这句民谣在齐鲁大地广为流传。明清的山东人不可能全是洪洞后裔，但这种历史记忆似乎可间接印证一种现象：百废待兴的明初，存在规模庞大、持续不断的移民。据说王姓始祖，就是明初洪武年间迁自山西洪洞。王氏家训曰：“孝悌为先，忠信为本。惟耕惟读，持家以勤。积德行善，自强自立。处事以忍，努力进取。一谦受益，一满招损。张德扬惠，守规遵训。”在家训的浸润下，华堌村民风淳朴，家风纯正，合族吃苦耐劳。在家庭教育和社会风气的熏陶下，童年的王杰勤奋好学，热爱集体，热爱劳动，心地善良，乐于助人，成长为一名朴实懂事的少年。

王杰在童年时期就爱听英雄的故事，尤其崇尚革命英雄。1957年大水淹没家乡，年少的王杰冒着生命危险抢救生产队的马匹。1958年考入金乡一中初中部后，每逢星期天回家时，他都会帮助生产队的会计核算账目。

二、雷锋的传人

1961年8月，王杰应征参军，成为济南军区装甲兵某部工兵连的一名战士。在部队中，王杰以雷锋为榜样，从小事做起，

处处以身作则。在执行训练、施工和抗洪救灾等任务中，他从不怕苦，被大家称为“闲不住的人”“不知疲倦的人”。在长途行军中，他主动关心新战友，帮助新同志扛枪、背包；在抗洪救灾中，哪里危险他就冲向哪里；在施工中，哪里有重活，他就奔向哪里。他用自己的行动实践了自己“一不怕苦，二不怕死”的誓言。

1964 年 1 月，王杰被提任副班长，后任班长。2 月 3 日，他在日记中写道：“我们青年人要像疾风中的劲草，岁寒时的松柏，经得起艰难困苦的考验，勇敢地担当起建设社会主义的重担。”他担任爆破手期间，不浪费一寸导火索，决心“把艰苦奋斗的作风接过来，传下去”。“哪里有困难，哪里最危险，哪里就有王杰。”这是一连同志对王杰的评语。冬训中，是他带头跳进结冰的水里打桩架桥；施工时，山洪卷走了物资，又是他第一个奔去抢救；爬高空、钻猫洞进行爆破，也总是他冒险抢先去装药、放炮。

1965 年 7 月 14 日，在实爆训练中，为掩护他人，年仅 23 岁的王杰牺牲了。

英雄的背影会暗淡，但是英雄的精神不会消失，而是会历久弥新。英雄萌芽于生他养他的地域性土壤，家风的力量如影随形，就像一双隐形的翅膀。王杰就是这样一位永不褪色的英雄。

【警句格言】

我们要一不怕苦，二不怕死，做一个大无畏的人。

——《王杰日记》

王杰牺牲后，全社会掀起向王杰学习的热潮。1965 年 11 月 7 日，《人民日报》发表新华社社论《一不怕苦二不怕死——学习王杰同志一心为革命的崇高精神》。1969 年 4 月 28 日，毛泽东在党的九届一中全会上说，“我赞成这样的口号，叫做‘一不怕苦，二不怕死’。”

我一定要做雷锋式的战士，做毛主席的好战士，我要把有限的生命投入到无限的为人民服务中，把可爱的青春，献给祖国，献给人类最壮丽的事业。

——《王杰日记》

1962 年，全国掀起了“学雷锋做好事”的热潮，王杰也时时事事以雷锋为榜样。1963 年 2 月 8 日，王杰同志写道：“雷锋光辉的形象，模范的事迹，是我学习的榜样，他将鞭策着我进步。在今后的工作中，他是一面镜子，我要经常来照照自己，检查自己，做一个真正的人。”

【推荐书目】

1.王杰：《王杰日记》，人民出版社 1965 年版。

王杰牺牲后，部队发现了十多万字的日记。日记先在《解放军报》刊载，后由人民出版社出版。《王杰日记》作为一手史料，记录了入伍后王杰的心路历程。作为雷锋的同龄人，王杰处处以雷锋为楷模，言行一致，信仰至上，格局远大。

我们翻开这本日记，看到灰旧泛黄的纸张，革命气息扑面而来，那是一个信仰至上的时代。

这本书会给我们明确的回答：以王杰为代表的一代先烈，如何思考，何以信仰。

2.韩义祥：《王杰》，吉林文史出版社 2013 年版。

作者韩义祥是王杰生前的同学和战友，服役期间曾与王杰朝夕相处。为完成此书，作者七年间搜集资料六百余件，八易其稿。此书材料翔实，值得一读。

第二节
爱岗敬业的劳模祝玉华

【人物生平】

祝玉华，江苏省沛县人，高级经济师，曾担任山东省济宁市染料厂厂长。1989 年被授予“全国劳动模范”称号。

1968 年 8 月，大学毕业的祝玉华被分配到济宁市木材综合加工厂。1970 年，因原料及销路问题，工厂将生产重心转向染料，由祝玉华主导研发的多类别染料连获九项市级以上科技成果奖。在他的带领下，转型后的染料厂在 1988 年创利税 3164 万元，居全国同行业之首。

【家风掌故】

一、耳濡目染，自立自强

祝玉华的父亲祝兰芝为人正直，倔强淳朴，吃苦耐劳；母亲性情温顺，勤劳善良。作为家中长子，祝玉华自小便接受家庭的严格教育。父亲的口头禅便是“人要实，火要虚”。正是在父亲“踏踏实实做事，本本分分做人”的家庭教育中，祝玉华养成了踏实负责的品格。

深知家中的窘境和父母的希冀，祝玉华努力学习，中考时考入省重点中学——沛县中学。高考时考入南京林学院，家中费劲凑够了 50 元的学费。父亲为了维系生计，供他读书，远走山西打工。未及祝玉华分配工作，父亲就积劳成疾，猝然离世。父亲的离世，让祝玉华背负起家庭的责任。

1968 年 8 月，大学刚刚毕业的祝玉华被分配到济宁市木材综合加工厂工作。工作中，他始终将父亲的教诲铭记于心，一心扑在本职工作上。他用了一年多的时间，革新改造了扣榫机，为军工车间设计安装了靠模铣床和带锯机自动跑车，与工友们一起合作试制并批量生产了三聚氰胺树脂胶、塑料贴面装饰板。这一系列技术创新获得一致好评，同时也激发了他的创造力和想象力。

1970 年，祝玉华迎来人生第一次转机。济宁木材综合加工厂因为缺乏原料且销路不畅，开始转向生产染料。研究染料生产工艺技术的重担便落到祝玉华身上，他夜以继日地泡在试验室里。工厂根据他的研制成果，生产出合格的染料 17 吨，创产值 20 多万元，为创建济宁市染料厂打下了坚实的基础。之后，在祝玉华的带领下，工厂相继成功研制出酸性、活性、碱性和冰染四大类 40 多个品牌的染料。短短数年的功夫，祝玉华就取得市级以上科技成果奖 9 项，所写文章被刊发或摘录于专业期刊。在祝玉华及团队的通力合作下，一座影响济宁乃至整个中国染料业的工厂在鲁西南大地破土而出。

二、改革洪流，创新勇进

1978 年，中国迎来了伟大的历史转折，而国内染料市场却陷入低迷。许多染料生产厂家面对改革的洪流和市场的竞争，出现了不良反应，纷纷吃了败仗，上级主管部门将希望寄托在祝玉华身上。生性好强的祝玉华迎难而上，勇敢地接过重担，审时度势，大刀阔斧地进行改革。在此过程中，他以过人的胆识、惊人的魄力，采取了承包销售、精简管理机构、动态开展劳动合作等措施，优化分配方式，激发全厂职工的工作积极性。这些措施在响应改革开放号召的同时，也提高了生产总值，全年创利税 376.4 万元，纯利润 105 万元，是创厂以来的最好水平。

初尝改革带来的喜悦后，祝玉华便继续将改革的重心放在企业内部改革和经营管理上，尤其是分配机制的改革。为进一步提高职工的积极性，他在生产车间实行“七定一包”，行政人员实行“一酬多挂”。根据工作性质和效能，双管齐下：生产人员的报酬与车间的经济效益挂钩，管理人员收入与个人

的德、能、勤、绩等相连。这既摆脱了僵化的机制，又提高了职工的积极性。除了优化自身队伍，祝玉华还积极引进人才。在他的带领之下，济宁染料厂在 1988 年创利税 3164 万元，人均 46700 多元，居全国同行业之首，入围全国 250 家经济效益最佳企业。

不墨守成规的祝玉华面对陌生领域，敢于打破僵化机制，在改革的大潮中努力摸索，是当时济宁市乃至全国染料业改革的典范。

三、放眼未来，回馈社会

进入 20 世纪 90 年代，济宁染料厂进入快速发展阶段。祝玉华严把质量关，9 项产品先后获得省优、部优和国家银奖，驰名海内外。面对企业的快速腾飞，祝玉华并未沾沾自喜、安于现状，而是思考未来将何去何从。

由于染料厂的特殊性，生产中产生大量污水，若处理不当，必然危害环境。祝玉华也早已意识到，不能因眼前短期的经济效益断送后代子孙生存的条件和环境。于是，企业投资 500 多万元用于提高污水综合治理能力，用行动响应国家“保护环境”的基本国策。

在工作中，祝玉华也总将别人的事排在自己前面。论资格论贡献，他早已应该晋级和分房，但是他几次三番地把名利让给了别人，甚至将政府奖励的承包兑现奖，扣除份额后也全部捐给了厂区托儿所。

“人生的价值在于奉献。”这是祝玉华人生的准绳，更是他一生奋斗的事业。祝玉华全年基本无休，将自己奉献给了一生挚爱的事业，即使在全国染料行业陷入低谷时，他依旧没有退却，而是迎难而上。他用行动回馈着这片滋养他的土地。

【警句格言】

人生的价值在于奉献。

——祝玉华

大道至简，祝玉华并没有什么豪言壮语。在20世纪的改革洪流中，他赓续家风，敢为人先，身体力行，爱岗敬业，实现了社会价值和个人价值的完美统一。正所谓“勿以善小而不为，勿以恶小而为之”，把奉献社会作为人生目标，甘于奉献，乐于奉献，在奉献中实现人生价值，也不失为一种幸福。

【推荐书目】

黄德祥：《孔孟之乡名人名胜题咏》，中国文联出版社2011年版。

这本书记载了济宁历史上的名人和名胜，可以感受到先秦至近现代时期济宁历史人物的生平与风采。

第三节
爱国拥军的军嫂韩素云

【人物生平】

韩素云，1961 年出生于济宁市梁山县马店村。1983 年与倪效武订婚后，鼓励丈夫参军，自己勇担责任，照料全家生活。先后被评为山东省“三八”红旗手、全国先进工作者、全国劳动模范。2009 年 9 月入选“100 位新中国成立以来感动中国人物”。2019 年 9 月，获得“最美奋斗者”荣誉称号。

【家风掌故】

一、双拥典范，尽孝守家

冬日的大雪如棉被般骤然铺在鲁西南的原野上，万物似乎也感知到它的意愿沉寂了下来。此刻，远处传来“咯吱、咯吱”的脚步声。踏雪而来的正是来自梁山县马店村的韩素云，她要去的地方是远在十五里之外的汶上县南旺镇石闸东村未婚夫倪效武的家。

一路寻来，耳旁依旧充斥着父母的责怪和叹息：“大姑娘家的，还未过门，怎么能住到婆家去！你不怕被人说闲话？”

韩素云坚毅地回应了父母的诘问：“我如果不去，就效武家目前的状况，他怎么可能安心地在部队里干？”

事实确实如此。当时的倪效武家，上有卧床不起的奶奶和药不离身的父亲，下有读小学的妹妹和近乎失明的弟弟，哥哥在外打工，嫂子因流产体虚需人照料。倪效武有心参军，奈何家中困顿，一直犹豫不决。而韩素云觉得“当兵是一件非常光荣的事情”，因此鼓励他参军，并给他吃了一颗定心丸——“你去吧，家里有我。”

为解决他的后顾之忧，未过门的韩素云便时常到倪效武家中帮忙，照顾他的家人。1985 年，倪效武跟随部队奔赴中越边境。不久传来邻村战友在前线牺牲的消息。由于战事吃紧，倪效武数月未能来信，母亲也是牵肠挂肚，生怕噩耗传来，也怕“准儿媳”与儿子的婚事不了了之。倪效武的母亲几次想要发电报，催儿子返乡。得知此事的韩素云做起了老人的工作，从“为大家舍小家”谈到保家卫国的重要性，老人也是连连赞同。在与倪效武的通信中，韩素云“报喜不报忧”，说家中一切安好，让他安心。

韩素云一封封情深义重的家书，成为倪效武不断奋斗的动力。经过刻苦学习，倪效武在军校毕业之后选择到广西边境当教员。韩素云大力支持丈夫的选择。

韩素云对待公婆一家可谓尽心尽力、事无巨细。为了小叔子的婚事，韩素云将自己的房子腾出来当婚房，将自己的陪嫁家具拿出来送给小叔子，而自己却只能借宿到姨妈家；小姑子出嫁之时，韩素云用娘家的新布做成被褥送去。弟弟成家之后，公婆担心韩素云担子过重，提出分开种地，而韩素云选择了离村最远、土质又差的那块地。她的孝顺与赤诚换来了一家和睦，也赢得了街坊四邻的称道。

韩素云表示："支持丈夫成边是妻子应尽的责任，侍奉公婆是媳妇应尽的孝道。"看似云淡风轻的话语，却暗含了为国为家的奉献与大度。正是有了以韩素云为代表的千千万万位军嫂的默默付出，才有了军人保卫祖国大好河山的义无反顾。

二、朴实无华，坚守本心

1992 年春天，万物复苏，一切都充满了生机。韩素云带着女儿去麦田里套种棉花，一个踉跄栽倒在麦田里。在家人的劝说之下，她答应到部队检查治疗。实际上，早在三年前，韩素云就已经感觉到身体不适，有时大腿就像针扎一样疼痛，两条腿弯不下来。由于经济拮据，她只是吃点止疼片。检查结果很不理想，她被确诊为"股骨头缺血性坏死症"。为了治病，家里值钱的东西卖得差不多，还欠下了 2000 多元的债，倪效武为求良方四处奔走，逐渐稳定的生活再次被阴霾笼罩。

目睹家人的忙碌焦心，韩素云心想，如果再继续医治下去，这个家就垮了。就在这时，倪效武部队的一位战友被韩素云的故事打动，含泪写下一篇报道，《广西日报》《羊城晚报》等报纸纷纷刊登，引起了社会的广泛关注。广州一家医院的老教授看到报道后，辗转难眠，联系上韩素云并承诺为她无偿治疗。1994 年，经过将近 4 个小时的手术，外加 28 天的休养，韩素云重新站了起来。

这时，几家药商千方百计地联系韩素云，请她做广告，并承诺两三句广告语就给她 20 多万元。纷至沓来的广告意向都被韩素云断然拒绝。面对诱惑，韩素云表示，“虽然并不富裕，治病更需要花钱，但是这样的钱不能要……那些人之所以找上我，是冲着这个‘军嫂’的名声，再穷我也不能拿来换钱”。朴实无华的言语间，是韩素云纯粹的爱，是对初心的坚守。

“‘好军嫂’的荣誉是党和人民给的，只能为社会服务，不能为个人谋利。”这不仅是一句拒绝的话，更是韩素云行动的准绳。1998 年，韩素云随考察团到百色地区考察时，发现一户农家的孩子辍学在家，当即掏出身上仅有的 500 元塞给孩子的父母，并承诺日后还会再寄。同年，长江、嫩江流域发生特大洪灾，韩素云和丈夫前后捐款捐物 1200 多元。她也积极参加南宁市组织的其他爱心活动，尽力参与公益。2001 年 7 月，南宁市遭受特大洪水袭击，韩素云到法卡山抗洪部队装沙包、扛沙袋，鼓舞了抗洪一线官兵的斗志。洪水稍退，韩素云就组织 43 名军嫂成立“妈妈拥军”服务队，到抗洪部队驻地帮助官兵洗衣，熬姜汤，积极参与后勤保障工作。

不仅如此，韩素云在子女教育上更是注重言传身教。女儿在城里学校就读时，放学回家会和她谈论起名牌衣服和鞋子。韩素云意识到孩子内心开始滋生攀比的心理，应当及时纠正。于是，一次机缘巧合，韩素云将女儿转到了郊区的寄宿制学校就读。有一天，女儿回家之后告诉韩素云："妈妈，以后要买便宜的球鞋，因为学校里同学都是那么简朴，都穿这种球鞋。"韩素云看到女儿的转变，心里也甚是欣慰。韩素云用实际行动向女儿传达了"朴实无华"的品质。

"荣誉是暂时的，做人是永恒的。"韩素云如是说。面对苦难，泰然处之，实为难得，但是经历荣誉与鲜花之后，还能保持本心、守住真实的自我，才更难能可贵。韩素云用最朴实的行动、最勇敢的担当，谱写了最不平凡的赞歌。

【警句格言】

我虽然辛苦一点，但有一个和谐稳定的家庭，我只是一个普通的家庭妇女，我只是做了应该做的事情，我想，不是我的事迹感动了大家，而是党和人民的关心、关爱感动了我。我一定以此激励自己继续努力干好自己的工作，就是把自己要做的事，坚持下去。

——韩素云

【推荐资料】

1.电影《军嫂》，1996年。

影片根据“好军嫂”韩素云的事迹，采用纪实和抒情相结合的方式，再现了这位普通的农村妇女支持丈夫戍边、苦苦支撑一家生活的感人故事。如果同学们想进一步了解究竟是什么力量支撑了韩素云，可以观看这部影片，立体感知她的经历。

2.宋汉晓：《韩素云“变”与“不变”十七年》，《中华儿女》2010年第17期。

这篇文章描绘了韩素云在赢得荣誉与鲜花前后的“变”与“不变”，向我们真实展示了一位普通军嫂对女儿的言传身教。同学们，面对鲜花与掌声的时候，我们应该怎样选择？这篇文章或许会给你一个答案。

第四节
家国同枝的医生高鸿翼

【人物生平】

高鸿翼，女，现为济宁医学院附属医院急诊监护室护士长。她曾作为山东省卫健委组建的医疗队队员支援湖北抗击新冠肺炎疫情。其家庭荣获2020年“全国最美家庭”称号。

【家风掌故】

一、勤勉自励，乐于奉献

高鸿翼在其十几年的临床护理工作中，秉承“一切为了大众健康”的使命，始终把病人利益放在首位，勤恳敬业，用扎实的理论基础和丰富的临床经验，在普通却不平凡的工作岗位上辛勤付出。她带领科室逐步向“和谐、奋进、向上、工作扎实、敢于吃苦”的方向发展，她注重对护理的质量控制，倡导人人参与质控。同时，她还制定了符合科室实际的人才培养计划及具体实施方案，引导护理人员养成良好的临床思维模式，以帮助其提高业务水平。

高鸿翼

新冠肺炎疫情发生后，高鸿翼作为附属医院医疗队队长、山东省第三批援鄂医疗队护理组副组长前往武汉，支援华中科技大学同济医学院附属同济医院中法新城院区。她负责一个拥有 50 张床位的病区，主要收治危重症患者。除了常规培训，她还重视临床护理、物资保障及心理保障，严格落实每一方面，尽自己所能提高工作质量与效率，为患者提供最大的帮助与服务，生动地诠释了医者仁心和大爱无疆。

世上没有从天而降的英雄，只有挺身而出的凡人。正是在她这种勤勉自励、乐于奉献的精神鼓舞之下，她所在的团队在武汉成功抢救大量感染患者，圆满完成支援任务，她也被授予“山东省抗击新冠肺炎疫情先进个人”。

二、通力配合，家国不分

国好，家亦好。由心而发的家国情是高鸿翼无惧无畏的责任感和使命感的动力。高鸿翼和丈夫宋志远都是医务工作者。新冠肺炎疫情发生后，夫妇俩多次请战前往湖北一线支援，希望以己之力为抗击新冠肺炎病毒做出贡献，最终高鸿翼被选入山东省第三批援鄂医疗队奔赴前线。为了让她没有后顾之忧、奋战在前线，宋志远肩负起了家庭的责任，公婆也非常理解她的选择，并多次采购家乡零食寄往武汉。明事理的婆婆说："她是党员，国家有难，她当然得去。" 3 岁的女儿眼中的妈妈则是"超人"，要保护世界。在疫情防控期间，当慰问人员带着慰问金到高鸿翼家里走访时，她的家人当即表示要把慰问金捐赠给武汉那些更有需要的人。后来，高鸿翼代表家人向中华慈善总会捐款 3000 元。

在高鸿翼援鄂期间，家人作为坚强的后盾，给予她极大的支持，让她能够无所顾虑地在前线奋力工作。她的家庭以实际行动诠释了"最美家庭"的现代内涵，用平凡的行动书写美丽的篇章，勾画出社会主义核心价值观的一道美丽风景线，彰显了中华优秀传统文化所具有的强大精神动力。

三、奉献的力量

家国同枝，不胜不回。家风如雨，润物无声。"物有甘苦，尝之者识；道有夷险，履之者知。"正是无数个像高鸿翼夫妇这样的最美家庭，以生命赴使命，用挚爱护苍生，在国家和人民面临危难之际挺身而出，才使我们看到了胜利的曙光。

【警句格言】

人这一辈子，总得有些追求信仰，总得干那么几件热血沸腾的事情，虽然我不来，也会有别人来，但是若干年后回过头来再看，我们是己亥末，庚子春，荆楚大疫，南山镇守江南都，率白衣郎中数万抗疫之中的一分子，是国泰民安的守护者，这一切都是值得的！

——高鸿翼

【推荐资料】

1. 电影《中国医生》，2021 年。

本片根据 2020 年抗击新冠肺炎疫情真实事件改编而成，讲述了各地的白衣“逆行者”在这场战“疫”中争分夺秒、浴血奋战、舍小家为大家，竭力守护人民生命安全的可歌可泣的故事。医者仁心的力量温暖并感动着我们，也激励着我们珍惜生命、直面困难、积极生活！

2. 电视剧《最美逆行者》，2020 年。

本剧根据 2020 年全民抗疫涌现出的无数先进人物和感人事迹改编而成，讲述了发生在武汉抗疫一线的故事，医者仁心，造就人间大爱，无数可敬可爱的白衣天使带着无悔信念舍小家顾大家，成为最美“逆行者”。“哪有什么岁月静好，不过是有人替你负重前行。”让我们珍爱生命、关爱他人，感恩所有的“逆行者”！

【学习拓展】

红色家风是中国共产党人在长期的革命建设实践中培育和形成的宝贵财富。红色家风理论来源于马克思主义的家庭观，形成于革命、社会主义建设、改革开放的伟大实践中，植根于中国优秀传统文化，是中国共产党人的精神、道德、价值取向和作风在家庭生活中的集中体现。其内核是爱党爱国、忠于理想的家国情怀，其基石是严守纪律、忠贞不渝的政治品格，其精髓是律己修身、廉洁奉公的清廉本色，其根本是从严治家、励志传承的历史责任。继承和弘扬红色家风，对当今社会具有广泛的榜样教育意义。

——柯华等：《红色家风的内涵及时代价值》

搜集相关资料，结合上述材料及本章内容，探讨红色家风对当今社会的教育意义。

编后语

“济宁市青少年教育系列丛书”是济宁市关心下一代工作委员会按照济宁市委部署要求，组织市委党史研究院、市妇联、市教育局、市司法局在精心筹备、广泛调研、科学研讨的基础上完成的，这对于广大青少年了解济宁、热爱济宁、建设济宁，帮助青少年接受优秀传统文化熏陶，赓续红色基因，培养家国情怀，提升法治素养具有重要意义。

本丛书包含优秀传统文化、革命传统教育、家庭教育、法治教育四大内容，分为小学、初中、高中三个学段，共 12 本，120 多万字。本丛书立足青少年教育实际，各篇目既自成一体又相互关联，突出地域性、教育性、文化性、实用性、可读性。

本丛书编写时间紧、任务重、体量大、标准高，经过百余名专家、学者、编辑、摄影人员辛勤努力，先后完成拟定大纲、撰写初稿、讨论润色、专家审阅、出版社审核等工作，最终得以和大家见面。本丛书编写始终坚持“三结合、三坚持”的编写原则。“三结合”就是与当前开展的“党史、国史、改革开放史、社会主义发展史”教育内容相结合；与当前学校开展的思政教育相结合；与现有的关心下一代教育基地史料相结合。“三坚持”就是坚持立德树人的立意导向，把践行社会主义核心价值观贯穿始终；坚持体现济宁区域文化特色，培植青少年家国情怀；坚持适合青少年特别是中小学生阅读，通俗易懂、喜闻乐见。

本丛书在编写过程中自始至终得到济宁市委、市政府主要领导的重视和指导，得到省委宣传部充分肯定和大力支持，得到市委办公室、市委组织部、市委宣传部、市委政法委、市委政研室、市委老干部局、市政府办公室、市财政局、市教育科学研究院、市摄影家协会等部门和单位的大力支持与配合，得到夏诚华、韩笔祥、赵树国、祝金焕、聂志泉、杨朝明、李敬学、孔令绍等老领导和专家学者的关心指导与支持帮助，在此一并表示感谢。

由于时间仓促，难免拾珠落遗，诸多疏漏，敬请广大读者批评指正。

“济宁市青少年教育系列丛书”编委会

2022年6月